アガルートの
司法試験・予備試験
総合講義１問１答

民事実務基礎

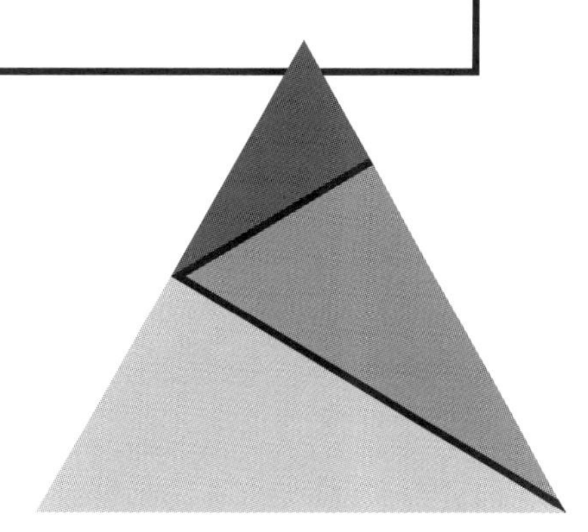

アガルートアカデミー 編著

AGAROOT
ACADEMY

はしがき

本書は，司法試験・予備試験の主に論文式試験で問われる知識を１問１答形式で整理したものである。初学者であれば，基本書等を読み進めて理解した後で，その知識を復習するための副教材として使用することを，中上級者であれば，一通りインプットを済ませた後で，知識を網羅的に点検し，定着させるものとして使用することを想定している。

論文式試験で問われる知識を整理・確認する書籍としては，論証として整理をしている論証集や，問題とその解説あるいは解答例という形式で提供する演習書が存在する。しかし，論証集には，問題形式になっておらず人によっては覚えにくく取り組みにくいという側面があり，演習書には，問題文が長文になりがちで知識を再確認するには使いにくいという側面がある。

そのため，シンプルに論文で問われる知識をおさらいできる問題集はないかと模索した結果，１問１答形式の問題集に至った。憲法，行政法，民法，商法，民事訴訟法，刑法，刑事訴訟法についてはすでに刊行済みであるところ，民事実務基礎についても，これを書籍として刊行することにした次第である。

本書は，司法試験・予備試験の合格に必須の知識を定着させるための問題集である。すらすらと書けるようになるまで，繰り返し解き続けてほしい。なお，司法修習生考試（いわゆる二回試験）対策のための教材としても耐えうるものになっていると考えている。

読者諸賢にとっても，本書が，正確な知識の定着の一助となり，司法試験・予備試験の合格を勝ち取ることを切に願う。

2021年11月吉日

アガルートアカデミー

目　次

本書の使い方

問題ランク
Aは学習初期から必ず押さえてほしい基本的な問題を，Bはそれ以上のレベルの問題を表します。
1周目はAだけを，2周目はBを中心に問題を解いていくと学習を効率的に進められます。

【左側：問題】

アガルートの総合講義1問1答　民事実務基礎・第2編

第2編　紛争類型別の要件事実

第1章　売買(1)～訴訟物，請求原因

第1　売買契約に基づく代金支払請求

【事例】
（Xの言い分）
1．私は，平成26年4月1日に，私が所有していた甲土地を，Yに売り，その日に甲土地を引き渡しました。代金は1000万円，支払日は6月1日との約束でした。
2．ところが，Yは，支払日から3か月がすぎた現在でも，代金を支払いません。

□ ／ □ ／ □ ／　11.　A　上記事例における請求の趣旨について説明しなさい。

□ ／ □ ／ □ ／　12.　A　上記事例における訴訟物について説明しなさい。

□ ／ □ ／ □ ／　13.　A　売買契約に基づく代金支払請求の要件事実について説明しなさい。

□ ／ □ ／ □ ／　14.　A　上記事例における記載例について説明しなさい。

□ ／ □ ／ □ ／　15.　A　売買契約に基づく代金支払請求の要件事実のうち，売買の合意が要件事実となるのはなぜかについて説明しなさい。

□ ／ □ ／ □ ／　16.　B　売買契約に基づく代金支払請求の要件事実のうち，売主の目的物所有が要件事実とならないのはなぜかについて説明しなさい。

6　問　題

問題文
はじめに事例を掲げ，民事実務の基本・重要論点を順序立てて端的に問う内容となっています。

チェックボックス
解き終わったらチェックして日付を記入しましょう。

通し番号
単元ごとの通し番号です。「今日は何番まで」等，目標設定にお役立てください。

【右側：解答】

第1章　売買(1) ～訴訟物，請求原因

第1章　売買(1) ～訴訟物，請求原因

第1　売買契約に基づく代金支払請求

X ―1000万円→ Y

・X・Y H26.4.1
甲土地 1000万円
売買
・支払日 H26.6.1

11.　被告は，原告に対し，1000万円を支払え。

12.　売買契約に基づく代金支払請求権　1個

13.　XがYとの間で売買契約を締結したこと（売買の合意）。

14.　(1)　原告は，被告に対し，平成26年4月1日，別紙物件目録記載の土地（甲土地）を，代金1000万円で売った。
(2)　よって，原告は，被告に対し，上記売買契約に基づき，代金1000万円の支払を求める。

15.　冒頭規定（民555）によれば，売買契約は財産権を移転すること及びその対価として一定額の代金を支払うことを約して成立する。そのため，目的物及び代金額又は代金額の決定方法を特定しつつ，売買の合意が要件事実となる。

16.　売買契約は他人物売買であっても有効とされる（民561参照）ため，売主が目的物を所有していたことは要件事実とならない。

解答 7

2 紛争類型別の要件事実

相関図
事例の内容を相関図で表しています。本試験でも図に整理して考える習慣をつけましょう。

インデックス
現在学習中の部分が一目瞭然です。

解答
論文式試験で記載することになる知識を簡潔にまとめた内容になっています。

条文表記
(民555) は，民法第555条を表します。Ⅰは第1項，①は第1号を表します。

民事実務基礎

第1編　要件事実論入門

□ ＿/＿
□ ＿/＿
□ ＿/＿

1. A　主要事実の意義について説明しなさい。

□ ＿/＿
□ ＿/＿
□ ＿/＿

2. A　契約に基づく請求の請求原因の捉え方における冒頭規定説について説明しなさい。

□ ＿/＿
□ ＿/＿
□ ＿/＿

3. A　証明責任の意義について説明しなさい。

□ ＿/＿
□ ＿/＿
□ ＿/＿

4. A　証明責任分配の基準における法律要件分類説について説明しなさい。

□ ＿/＿
□ ＿/＿
□ ＿/＿

5. A　抗弁の意義について説明しなさい。

□ ＿/＿
□ ＿/＿
□ ＿/＿

6. A　抗弁の種類について説明しなさい。

□ ＿/＿
□ ＿/＿
□ ＿/＿

7. A　規範的要件における主要事実の捉え方について説明しなさい。

1. 主要事実とは，訴訟物たる権利又は法律関係の判断に直接必要な事実をいう。

2. 冒頭規定（民法所定の各契約の冒頭にある規定）に該当する事実を主張して初めて権利が発生する。
∵ ある権利の発生は一定の契約の法律効果として認められるものである
∵ 実体法上の権利ごとに訴訟物を考える旧訴訟物理論と整合的

3. 証明責任とは，要件事実（に該当する主要事実）が存否不明の場合に，その結果として，判決においてその事実を要件とする自己に有利な法律効果の発生又は不発生が認められないこととなる当事者の一方の危険又は不利益をいう。

4. 基本的には，条文の体裁（本文，ただし書）が基準となるが，他の類似規定との均衡や，法の趣旨等を考慮して，修正する。
権利根拠事実＝訴訟物である権利の発生要件に当たる事実であり，請求原因として原告が主張立証する。
権利障害事実＝権利発生の障害となる事実であり，権利根拠事実が認められる場合に，被告が抗弁として主張立証する。
権利消滅事実＝権利を消滅させる事実であり，権利根拠事実が認められる場合に被告が抗弁として主張立証する。
権利阻止事実＝権利の行使を阻止する事実であり，権利根拠事実が認められる場合に被告が抗弁として主張立証する。

5. 抗弁とは，請求原因と両立し，請求原因によって発生する法律効果（訴訟物たる請求権）を「覆す」被告の主張をいう。

6. ① 権利障害の抗弁
② 権利消滅の抗弁
③ 権利阻止の抗弁

7. 規範的要件を基礎付ける具体的事実を間接事実とすると，主要事実の定義にそぐわない。また，弁論主義の元で相手方の防御の機会を図る必要がある。
したがって，規範的要件を基礎付ける具体的事実こそが主要事実である。

□ ＿/＿
□ ＿/＿
□ ＿/＿

8. A　規範的要件を基礎付ける具体的事実の種類について説明しなさい。

□ ＿/＿
□ ＿/＿
□ ＿/＿

9. A　物権的請求権の訴訟物の個数の数え方について説明しなさい。

□ ＿/＿
□ ＿/＿
□ ＿/＿

10. A　債権的請求権の訴訟物の個数の数え方について説明しなさい。

8. ① 評価根拠事実＝当該規範的要件の存在を肯定する方向に作用する具体的事実
② 評価障害事実＝当該規範的要件の存在を否定する方向に作用する具体的事実

9. 物権的請求権の訴訟物の個数は，物権の個数×侵害態様の個数によって定まる。

10. 債権的請求権の訴訟物の個数は，契約の個数によって定まる。

第２編　紛争類型別の要件事実

第１章　売買(1)～訴訟物，請求原因

第１　売買契約に基づく代金支払請求

【事例】
（Xの言い分）
１．私は，平成26年４月１日に，私が所有していた甲土地を，Ｙに売り，その日に甲土地を引き渡しました。代金は1000万円，支払日は６月１日との約束でした。
２．ところが，Ｙは，支払日から３か月がすぎた現在でも，代金を支払いません。

□ ／　□ ／　□ ／
11.　**A**　上記事例における請求の趣旨について説明しなさい。

□ ／　□ ／　□ ／
12.　**A**　上記事例における訴訟物について説明しなさい。

□ ／　□ ／　□ ／
13.　**A**　売買契約に基づく代金支払請求の要件事実について説明しなさい。

□ ／　□ ／　□ ／
14.　**A**　上記事例における記載例について説明しなさい。

□ ／　□ ／　□ ／
15.　**A**　売買契約に基づく代金支払請求の要件事実のうち，売買の合意が要件事実となるのはなぜかについて説明しなさい。

□ ／　□ ／　□ ／
16.　**B**　売買契約に基づく代金支払請求の要件事実のうち，売主の目的物所有が要件事実とならないのはなぜかについて説明しなさい。

第１章　売買⑴ ～訴訟物，請求原因

第１　売買契約に基づく代金支払請求

・X・Y H26.4.1
　甲土地 1000万円
　売買
・支払日 H26.6.1

11.　被告は，原告に対し，1000万円を支払え。

12.　売買契約に基づく代金支払請求権　１個

13.　XがYとの間で売買契約を締結したこと（売買の合意）。

14.　⑴ 原告は，被告に対し，平成26年４月１日，別紙物件目録記載の土地（甲土地）を，代金1000万円で売った。
　⑵ よって，原告は，被告に対し，上記売買契約に基づき，代金1000万円の支払を求める。

15.　冒頭規定（民555）によれば，売買契約は財産権を移転すること及びその対価として一定額の代金を支払うことを約して成立する。そのため，目的物及び代金額又は代金額の決定方法を特定しつつ，売買の合意が要件事実となる。

16.　売買契約は他人物売買であっても有効とされる（民561参照）ため，売主が目的物を所有していたことは要件事実とならない。

□ ＿/＿
□ ＿/＿
□ ＿/＿

17. **A**　売買契約に基づく代金支払請求の要件事実のうち，履行期限が要件事実とならないのはなぜかについて説明しなさい。

□ ＿/＿
□ ＿/＿
□ ＿/＿

18. **B**　売買契約に基づく代金支払請求の要件事実のうち，目的物の引渡しが要件事実とならないのはなぜかについて説明しなさい。

第2　売買契約に基づく目的物引渡請求等

【事例】

（Xの言い分）

1．私は，平成26年4月1日に，Yが所有していた甲土地を購入しました。代金は1000万円との約束でした。

2．ところが，Yは，それから3か月がすぎた現在でも，甲土地を引き渡してくれませんし，所有権移転登記手続もしてくれません。

□ ＿/＿
□ ＿/＿
□ ＿/＿

19. **A**　上記事例における請求の趣旨について説明しなさい。

□ ＿/＿
□ ＿/＿
□ ＿/＿

20. **A**　上記事例における訴訟物について説明しなさい。

□ ＿/＿
□ ＿/＿
□ ＿/＿

21. **A**　上記事例における請求の要件事実について説明しなさい。

17.　売買契約に基づく代金支払請求権は，原則として売買契約の成立により直ちに発生し，契約上の義務は一般的には特に期限の合意がない限りは契約の成立と同時に直ちに履行されるべきものであるから，期限の合意は売買契約の付款にすぎない。そして，付款は法律行為の成立要件ではない以上，付款の主張立証責任は，これにより利益を受ける当事者が負う。そのため，期限の合意は，これにより利益を受ける買主側が主張立証すべき抗弁となり，売買代金請求の要件事実とならない。

18.　売買契約は双務契約なので，代金の支払の事実と目的物の引渡しの事実とは同時履行関係にある。しかし，同時履行の抗弁は権利抗弁であるため，買主側からの権利主張があって初めてこれを問題とすれば足りるから，目的物の引渡しは要件事実とはならない。

第２　売買契約に基づく目的物引渡請求等

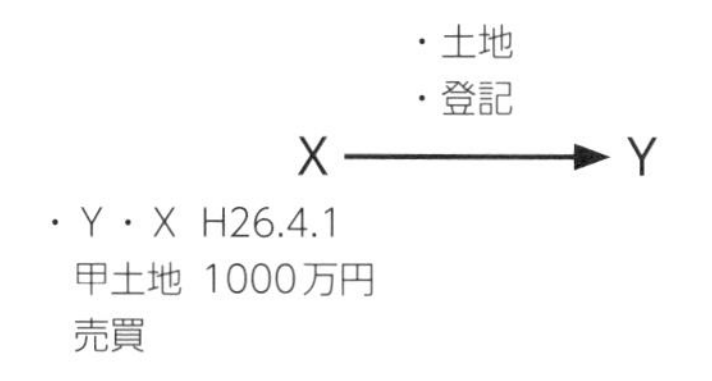

19.　1　被告は，原告に対し，別紙物件目録記載の土地を引き渡せ。
　2　被告は，原告に対し，別紙物件目録記載の土地について，平成26年４月１日売買を原因とする所有権移転登記手続をせよ。

20.　①　売買契約に基づく目的物引渡請求権　１個
　②　売買契約に基づく所有権移転登記請求権（民560）　１個

21.　XがYとの間で売買契約を締結したこと（売買の合意）。

□ ／
□ ／
□ ／
22. **A**　上記事例における記載例について説明しなさい。

第3　附帯請求

【事例】

（Xの言い分）

1．私は，平成26年4月1日に，私が所有していた甲土地を，欲しいと言ってきたYに売り，その日に甲土地を引き渡しました。代金は1000万円，支払日は6月1日との約束でした。
2．ところが，Yは，支払日から3か月がすぎた現在でも，代金を支払わないので，その支払と甲土地引渡し後の利息相当分の金銭の支払まで求めたいです。

□ ／
□ ／
□ ／
23. **B**　上記事例における訴訟物について説明しなさい。

□ ／
□ ／
□ ／
24. **B**　上記事例における請求の趣旨について説明しなさい。

□ ／
□ ／
□ ／
25. **B**　上記事例における記載例について説明しなさい。

22.　(1)　原告は，被告から，平成26年４月１日，別紙物件目録記載の土地を代金1000万円で買った。
(2)　よって，原告は，被告に対し，上記売買契約に基づき，別紙物件目録記載の土地を引き渡すとともに，同土地につき，上記売買契約を原因とする所有権移転登記手続をすることを求める。

第３　附帯請求

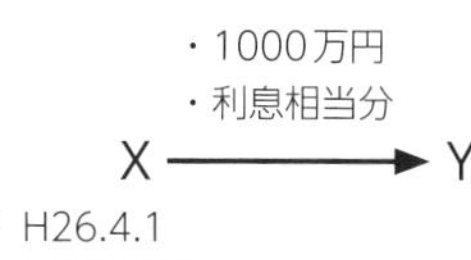

・X・Y　H26.4.1
　甲土地　1000万円
　売買
・支払日　H26.6.1
・甲土地引渡

23.　履行遅滞に基づく損害賠償請求権　１個

24.　被告は，原告に対し，1000万円及びこれに対する平成26年６月２日から支払済みまで年５分の割合による金員を支払え。

25.　1　原告は，被告に対し，平成26年４月１日，別紙物件目録記載の土地を代金1000万円，支払期日同年６月１日の約定で売った。
2　原告は，被告に対し，平成26年４月１日，上記売買契約に基づき，上記土地につき所有権移転登記手続をするとともに，これを引き渡した。
3　平成26年６月１日は経過した。
4　よって，原告は，被告に対し，上記売買契約に基づき，代金1000万円及びこれに対する弁済期の翌日である平成26年６月２日から支払済みまで民法所定の年５分の割合による遅延損害金の支払を求める。
（なお，令和２年４月１日以降の契約に係る法定利率は年３分）

□ ／
□ ／
□ ／

26. B　履行遅滞に基づく損害賠償請求の要件事実について説明しなさい。

□ ／
□ ／
□ ／

27. B　「利息」（民575 Ⅱ）の法的性質について説明しなさい。

□ ／
□ ／
□ ／

28. B　履行遅滞に基づく損害賠償請求の要件事実のうち，債務の発生原因事実が要件事実となるのはなぜかについて説明しなさい。

□ ／
□ ／
□ ／

29. B　履行遅滞に基づく損害賠償請求の要件事実のうち，履行期の経過が要件事実となるのはなぜかについて説明しなさい。

□ ／
□ ／
□ ／

30. B　履行遅滞に基づく損害賠償請求の要件事実のうち，損害の発生及びその数額が要件事実となるのはなぜかについて説明しなさい。

26.　①　ＸがＹとの間で売買契約を締結したこと
②　ＸがＹに対して①の売買契約に基づき目的物を引き渡したこと
③　ＸがＹに対して代金の支払を求める催告をしたこと（cf.確定期限があればその合意［民412Ⅰ］）
④　その日が経過したこと（cf.確定期限の合意ある場合，確定期限の経過［民412Ⅰ］）
⑤　損害の発生及びその数額

27.　民法575条２項は，買主の履行遅滞責任を制限したものである（遅延損害金説）。
∵　一般の金銭債務の債務者は，特約や履行遅滞ない限り，当然に利息を支払う義務はないのであるから売買契約の買主に限って，特別の（≒法定の）利息支払義務を負うとする理由はない
∵　売主が，目的物引渡しまで果実を収受できること（民575Ⅰ）とのバランスから，目的物の引渡しを受けるまでは，買主も，遅延損害金を支払う必要なし
∵　遅延利息（損害金）を請求する場合，引渡し及び買主の履行遅滞の主張が必要

28.　履行遅滞に基づく損害賠償請求をする前提として債務の発生原因事実が要件事実となる。

29.　履行遅滞の実体法上の要件は，本来は，ⅰ履行が可能なこと，ⅱ履行期を徒過したこと，ⅲ債務者の責めに帰すべき事由，ⅳ違法性である。
もっとも，債務は通常履行可能である（ⅰ不要）し，履行可能であるにもかかわらず履行期が徒過している（ⅱ）場合には原則として債務者の責めに帰すべき事由（ⅲ不要）及び違法性（ⅳ不要）が認められる。
履行期の徒過（ⅱ）は，履行期を経過したこと及び履行期に履行がないことをいう。履行期を経過したことは，民法412条各項に従い判断される。他方，履行のないことについては，履行より債務を免れて利益を受ける債務者が債務を履行したことにつき主張立証責任を負うべきなので，要件事実とならない。
したがって，履行期の経過が要件事実となる。

30.　損害賠償請求をするためには履行遅滞により損害が発生したことを要するため，損害の発生及びその数額が要件事実となる。

□ ＿/＿
□ ＿/＿
□ ＿/＿

31. B　履行遅滞に基づく損害賠償請求の要件事実のうち，自己債務につき弁済の提供をしたことが要件事実となるのはなぜかについて説明しなさい。

□ ＿/＿
□ ＿/＿
□ ＿/＿

32. B　履行遅滞に基づく損害賠償請求の要件事実のうち，目的物の引渡しが要件事実となるのはなぜかについて説明しなさい。

第２章　売買(2) ～各種の抗弁

第１　弁済の抗弁

【事例】

（Xの言い分）

1．私は，平成26年４月１日に，私が所有していた甲土地を，欲しいと言ってきたYに売り，その日に甲土地を引き渡しました。代金は1000万円，支払日は６月１日との約束でした。

2．ところが，Yは，支払日から３か月がすぎた現在でも，代金を支払いません。

（Yの言い分）

Xから甲土地を買ったのは間違いありませんが，平成26年６月１日に全額を支払っています。

□ ＿/＿
□ ＿/＿
□ ＿/＿

33. A　弁済の要件事実について説明しなさい。

□ ＿/＿
□ ＿/＿
□ ＿/＿

34. A　上記事例における記載例について説明しなさい。

□ ＿/＿
□ ＿/＿
□ ＿/＿

35. A　弁済が抗弁として位置付けられるのはなぜかについて説明しなさい。

31.　売買契約という双務契約が債務の発生原因事実として現れており，これにより代金支払請求権に同時履行の抗弁権（民533）が付着していることが基礎付けられる。

そうすると，同時履行の抗弁権の存在は履行遅滞の実体法上の要件である違法性を阻却する事由なので，同時履行の抗弁権の存在効果を消滅させなければ主張自体失当となってしまう。

したがって，自己の債務につき弁済の提供をしたことが要件事実となる。

32.　売買契約においては，買主は目的物の引渡し後から利息の支払義務を負う（民575Ⅱ本文）ため，履行の提供のみでは足りず，目的物の引渡しが要件事実となる。

第２章　売買⑵ ～各種の抗弁

第１　弁済の抗弁

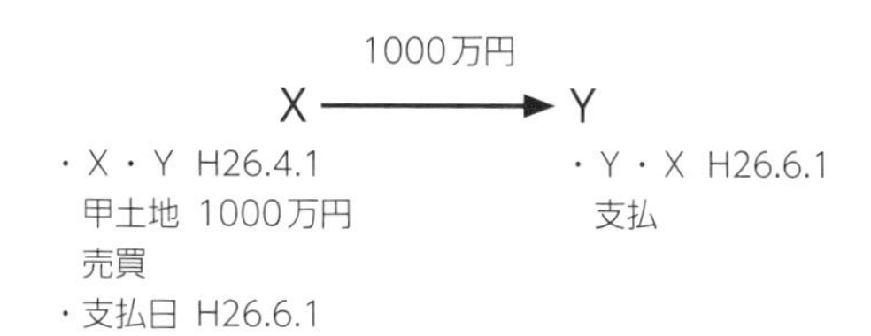

33.　① 債務者（又は第三者）が債務の本旨に従った給付をしたこと
② その給付が当該債権についてなされたこと（給付と債権との結合関係）

34.　被告は，平成26年６月１日，原告に対し，本件売買代金債務の履行として，1000万円を支払った。

35.　弁済は債務の消滅原因であり（民473），これが認められると売買契約に基づく代金支払請求権が消滅することとなり，かつこれは請求原因と両立するものであるから，これにより利益を受ける債務者の抗弁として位置付けられる。

□ ／
□ ／
□ ／

36. A　弁済の要件事実のうち，給付が当該債権についてなされたことが要件事実となるのはなぜかについて説明しなさい。

第２　履行期限の抗弁

【事例】

（Xの言い分）

1．私は，平成26年４月１日に，私が所有していた甲土地を，欲しいと言ってきたYに売り，その日に甲土地を引き渡しました。代金は1000万円，支払日は６月１日との約束でした。

2．ところが，Yは，支払日から３か月がすぎた現在でも，代金を支払いません。

（Yの言い分）

Xから甲土地を買ったのは間違いありませんが，代金は平成26年12月末日に支払う約束で，まだその日は来ていません。

□ ／
□ ／
□ ／

37. B　履行期の抗弁の要件事実について説明しなさい。

□ ／
□ ／
□ ／

38. B　上記事例における記載例について説明しなさい。

□ ／
□ ／
□ ／

39. B　停止条件の抗弁の要件事実について説明しなさい。

36.　債権者・債務者間には他の債権債務関係が存在する可能性もあり，債務者による給付が必ずしも弁済としての意味を有するとは限らない。
　したがって，給付が当該債権についてなされたことが要件事実となる。

第２　履行期限の抗弁

37.　ＸとＹが，本件売買契約において履行期限の合意をしたこと（履行期限の合意）。

38.　原告と被告は，本件売買契約において，代金支払期日を平成26年12月末日とするとの合意をした。

39.　ＸとＹは，本件売買契約において，○○を停止条件とする合意をしたこと（停止条件の合意）。

第3　代物弁済の抗弁

【事例】
（Xの言い分）
1．私は，平成26年4月1日に，私が所有していた甲土地を，欲しいと言ってきたYに売り，その日に甲土地を引き渡しました。代金は1000万円，支払日は6月1日との約束でした。
2．ところが，Yは，支払日から3か月がすぎた現在でも，代金を支払いません。
（Yの言い分）
　Xから甲土地を買ったのは間違いありませんが，平成26年6月1日に代金を支払う代わりに私所有の乙土地を引き渡すことを合意し，同日，同土地を引き渡し，その旨の所有権移転登記手続もしました。

□ ／　□ ／　□ ／

40. **A**　代物弁済の要件事実について説明しなさい。

□ ／　□ ／　□ ／

41. **A**　上記事例における記載例について説明しなさい。

□ ／　□ ／　□ ／

42. **A**　代物弁済が抗弁として位置付けられるのはなぜかについて説明しなさい。

□ ／　□ ／　□ ／

43. **A**　代物弁済の法的性質について説明しなさい。

第３　代物弁済の抗弁

・X・Y　H26.4.1
甲土地　1000万円
売買
・支払日　H26.6.1

・Y・X　乙土地引渡合意
・乙土地　引渡、登記

40.　①　債務の発生原因事実（抗弁として主張される場合は不要）
②　債務の弁済に代えて物の所有権を移転するとの合意
③　債務者が②の当時物を所有していたこと
④　②の合意に基づき，物について引渡し・登記等がされたこと

41.　⑴　被告は，平成26年６月１日当時，別紙物件目録記載の土地（乙土地）を所有していた。
⑵　被告は，原告との間で，同日，請求原因⑴（原告は，被告に対し，平成26年４月１日，別紙物権目録記載の土地（甲土地）を，代金1000万円で売った。）の売買代金の弁済に代えて，乙土地の所有権を移転するとの合意をした。
⑶　被告は，原告に対し，同日，上記合意に基づき，同土地につき所有権移転登記手続をした。

42.　代物弁済の事実が認められると，弁済と同一の効力（民482）が生じて債務が消滅して請求原因に基づく請求が認められなくなるから，債務者からの抗弁として位置付けられる。

43.　条文は「契約をした場合において……給付をしたときは」（民482）と規定しており，諾成契約である。
判例も，代物弁済による所有権移転の効果は代物弁済契約の意思表示により生じる（最判昭57.6.4）としつつ，債務消滅原因として代物弁済を主張する場合には目的物の対抗要件の具備まで主張立証することを要する（最判昭40.4.30）とする。

□ ／
□ ／
□ ／
44. **A**　代物弁済の要件事実のうち，本来の債務の発生原因事実が要件事実となるのはなぜかについて説明しなさい。

□ ／
□ ／
□ ／
45. **A**　代物弁済の要件事実のうち，債務者の負担した給付に代えて他の給付をすることにより債務を消滅させる旨の契約が締結されたことが要件事実となるのはなぜかについて説明しなさい。

□ ／
□ ／
□ ／
46. **A**　代物弁済の要件事実のうち，合意当時債務者がその物を所有していたことが要件事実となるのはなぜかについて説明しなさい。

□ ／
□ ／
□ ／
47. **A**　代物弁済の要件事実のうち，合意に基づく所有権移転登記手続がなされたこと（動産であれば引渡しがなされたこと）が要件事実となるのはなぜかについて説明しなさい。

第4　相殺の抗弁

【事例】

（Xの言い分）

1．私は，平成26年4月1日に，私が所有していた甲土地を，欲しいと言ってきたYに売り，その日に甲土地を引き渡しました。代金は1000万円，支払日は6月1日との約束でした。

2．ところが，Yは，支払日から3か月がすぎた現在でも，代金を支払いません。

（Yの言い分）

Xから甲土地を買ったのは間違いありません。

しかし，私は，Xに対して，平成26年3月1日，パソコン100台を代金1000万円で売り渡しました。そこで，平成26年10月27日の弁論準備手続期日において相殺の意思表示をしますので，代金を支払う必要はないはずです。

□ ／
□ ／
□ ／
48. **A**　相殺の要件事実について説明しなさい。

44.　民法482条によれば，代物弁済による債務消滅の効果を生じさせるには，負担した給付の存在，債務者の負担した給付に代えて他の給付をすることで債務を消滅させる旨の契約を弁済者と債権者との間でしたこと，他の給付をしたことが必要となるところ，代物弁済による債務消滅の前提として，本来の債務の発生原因事実が要件事実となる。

45.　諾成契約であるため，債務者の負担した給付に代えて他の給付をすることにより債務を消滅させる旨の契約が締結されたことが要件事実となる。

46.　代物弁済による債務消滅の効果を生じさせるためには，物の所有権が相手方に移転したことを要するため，合意当時債務者がその物を所有していたことが要件事実となる。

47.　代物弁済による債務消滅の効果を生じさせるためには，対抗要件を具備させたことまで主張立証する必要があるから，合意に基づく所有権移転登記手続がなされたこと（動産であれば引渡しがなされたこと）が要件事実となる。

第４　相殺の抗弁

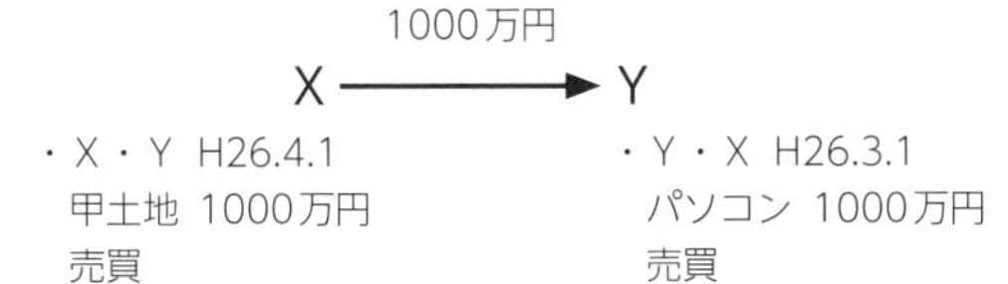

48.
① 自働債権の発生原因事実
② （①が売買契約である場合）目的物の提供の事実
（①が貸借型契約である場合）弁済期の合意及びその到来
③ 相殺の意思表示

□ ／
□ ／
□ ／

49. **A**　上記事例における記載例について説明しなさい。

□ ／
□ ／
□ ／

50. **A**　相殺の要件事実のうち，受働債権の発生原因事実が要件事実とならないのはなぜかについて説明しなさい。

□ ／
□ ／
□ ／

51. **A**　相殺の要件事実のうち，両債権が同種目的であることが要件事実とならないのはなぜかについて説明しなさい。

□ ／
□ ／
□ ／

52. **A**　相殺の要件事実のうち，受働債権の弁済期の到来が要件事実とならないのはなぜかについて説明しなさい。

□ ／
□ ／
□ ／

53. **A**　相殺の要件事実のうち，発生原因が売買型の契約である場合に自働債権の弁済期の到来が要件事実とならないのはなぜかについて説明しなさい。

□ ／
□ ／
□ ／

54. **A**　相殺の要件事実のうち，債務の性質が相殺を許さないものではないことが要件事実とならないのはなぜかについて説明しなさい。

□ ／
□ ／
□ ／

55. **A**　自働債権に同時履行の抗弁権が付着している場合の要件事実について説明しなさい。

49.　⑴　被告は，原告に対し，平成26年３月１日，別紙物件目録記載のパソコン100台を代金1000万円で売った。
⑵　被告は，原告に対し，同日，上記売買契約に基づき，同パソコンを引き渡した。
⑶　被告は，原告に対し，平成26年10月27日の本件弁論準備手続期日において，上記代金債権をもって，原告の本訴請求債権とその対当額において相殺するとの意思表示をした。

50.　抗弁として相殺を主張する場合，受働債権の発生原因事実は請求原因で現れるため，受働債権の発生原因事実は要件事実とならない。

51.　両債権の発生原因事実が主張されれば，それらが同種の目的であることが通常現れるため，特段の主張は不要となる。

52.　受働債権については，仮に弁済期が未到来であっても債務者は期限の利益を放棄できる（民136Ⅱ本文）から，受働債権の弁済期の到来は要件事実とならない。

53.　発生原因が売買型の契約である場合には，当該契約上の義務は契約成立と同時に直ちに履行されるべきものなので，発生原因事実の主張により弁済期にあることも現れるため，自働債権の弁済期の到来の事実は要件事実とならない。

54.　債務の性質が相殺を許さないものであることは，基本的には相殺の相手方にとって有利な法的効果であるから再抗弁となり，債務の性質が相殺を許すものであることは相殺を主張するための要件事実とはならない。

55.　自働債権に同時履行の抗弁権が付着している場合には，同時履行の抗弁権の存在効果として相殺は許されない。そのため，自働債権の発生原因事実の主張自体から自働債権に抗弁権が付着していることが明らかである場合には，自働債権に付着する抗弁権の発生障害事実又は消滅原因事実も要件事実となる（せり上がり）。

第5　同時履行の抗弁

【事例】

（Xの言い分）

1．私は，平成26年4月1日に，私が所有していた甲土地を，欲しいと言ってきたYに売り渡しました。代金は1000万円です。

2．ところが，Yは，代金を支払いません。

（Yの言い分）

Xから甲土地を買ったのは間違いありません。引渡しも受けています。

しかし，Xは，甲土地についての所有権移転登記手続に応じてくれません。私は，Xが甲土地について所有権移転登記手続に応じてくれるまで代金を支払いたくありません。

（Xの言い分①）

たしかに所有権移転登記手続に応じていませんが，それは，Yとの間で売買契約の際に甲土地の所有権移転登記手続は売買代金支払の1か月後とすることを約束したからです。

（Xの言い分②）

すでに所有権移転登記手続は済んでいます。

□ ／
□ ／
□ ／

56. **A**　同時履行の抗弁権の要件事実について説明しなさい。

□ ／
□ ／
□ ／

57. **A**　上記事例における記載例について説明しなさい。

□ ／
□ ／
□ ／

58. **A**　同時履行の抗弁権の要件事実のうち，同一の双務契約から生じた2つの対立する債権の存在が要件事実とならないのはなぜかについて説明しなさい。

□ ／
□ ／
□ ／

59. **A**　同時履行の抗弁権の要件事実のうち，相手方の債務が履行期にあることが要件事実とならないのはなぜかについて説明しなさい。

第５　同時履行の抗弁

・X・Y H26.4.1
甲土地 1000万円
売買
①登記 支払１か月後 合意
②登記済

・登記 支払拒絶

56.　相手方が債務の履行をするまで自らの債務の履行を拒絶するとの権利主張。

57.　被告は，原告が本件土地について平成26年４月１日売買を原因とする所有権移転登記手続をするまで，その代金の支払を拒絶する。

58.　請求原因で主張されている債権の発生原因たる双務契約の事実として現れているため，要件事実とならない。

59.　売買契約の締結により直ちに債務が履行期にあることが現れるため，要件事実とならない。

□ ／
□ ／
□ ／

60. A 同時履行の抗弁権の要件事実のうち，相手方が履行又はその提供をしないで請求をすることが要件事実とならないのはなぜかについて説明しなさい。

□ ／
□ ／
□ ／

61. A 同時履行の抗弁権の要件事実のうち，権利主張が要件事実となるのはなぜかについて説明しなさい。

□ ／
□ ／
□ ／

62. B 同時履行の抗弁権が履行拒絶権として機能する場合，遅延損害金請求や契約解除等の局面でも債務者は同時履行の抗弁権を援用しなければならないかについて説明しなさい。

□ ／
□ ／
□ ／

63. B 売主の所有権移転登記手続債務及び目的物引渡債務と買主の代金支払債務の関係について説明しなさい。

□ ／
□ ／
□ ／

64. B 先履行の合意の再抗弁の要件事実について説明しなさい。

□ ／
□ ／
□ ／

65. B 先履行の合意の再抗弁の要件事実の記載例について説明しなさい。

□ ／
□ ／
□ ／

66. A 反対給付の履行の再抗弁の要件事実について説明しなさい。

□ ／
□ ／
□ ／

67. A 反対給付の履行の再抗弁の要件事実の記載例について説明しなさい。

□ ／
□ ／
□ ／

68. A 履行を提供するのみで再抗弁となるかについて説明しなさい。

60.　債務の履行により利益を受けるのは債務者（原告）側であるから債務の履行が再抗弁事実となり，被告が同時履行の抗弁権を主張するための要件事実とはならない。

61.　民法533条が「できる」と規定し，これを行使する者の意思にゆだねているため，同時履行の抗弁権は権利抗弁である。

したがって，援用者から同時履行の抗弁権の行使があること（権利主張）が要件事実となる。

62.　同時履行の抗弁権は，その存在のみの効果で履行遅滞の違法性を阻却する。

したがって，債務者が援用する必要はない。

63.　登記の移転によって，買主は第三者に対抗できる地位に立つ。また，引渡しを受ける以前でも，買い受けた土地を処分することはできる。

したがって，移転登記手続債務と代金支払債務が同時履行の関係に立つ。

64.　ＸＹ間で代金の支払を目的物の引渡し（所有権移転登記手続）の先履行とするとの合意をした。

65.　原告と被告は，本件売買契約において，甲土地の所有権移転登記手続は，売買代金支払の１か月後とすることを合意した。

66.　ＸがＹに対し，目的物引渡し（所有権移転登記手続）を履行した。

67.　原告は，平成○年○月○日，被告に対し，本件売買契約に基づき，甲土地につき所有権移転登記手続をした。

68.　履行の提供が継続しない限り，同時履行の抗弁権は失われない。

したがって，履行を提供するのみでは再抗弁とならない。

第６　消滅時効の抗弁

【事例】

（Ｘの言い分）

１．私は，Ｙに対して，令和２年12月13日に，私の所有する甲土地を代金2000万円で売却しました。Ｙに対する所有権移転登記手続も終えています。

２．ところが，Ｙは，令和３年３月13日に1000万円を支払ったのみで，残りの代金を支払いません。

３．私が令和７年９月９日に残代金を支払うように催告状を送ったところ，Ｙは同年12月15日に電話をかけてきて，「クリスマスまでには金を用意できそうだから，それまでまってくれ。」と伝えてきたので，代金が未払であることを認識しているはずです。

４．そこで，同年12月27日に，Ｙを被告として残代金の支払を求める訴えを提起しました。

（Ｙの言い分）

１．Ｘから甲土地を買ったのは間違いありませんが，既に時効によって消滅しているはずです。

２．昔のことを今さら持ち出されても困りますし，残代金を支払う必要はないはずなので，令和８年１月15日の第１回口頭弁論期日の際に時効による消滅を主張したいと思います。

□ ／
□ ／
□ ／

69. **A**　上記事例における記載例について説明しなさい。

□ ／
□ ／
□ ／

70. **A**　消滅時効の抗弁の要件事実について説明しなさい。

□ ／
□ ／
□ ／

71. **A**　上記事例における消滅時効の抗弁の記載例について説明しなさい。

第６　消滅時効の抗弁

・X・Y R2.12.13
甲土地 2000万円
売買
・X・Y R7.9.9 催告
・Y・X R7.12.15 電話
・X・Y R7.12.27 訴え提起

・消滅時効

69. ⑴ 原告は，被告に対し，令和２年12月13日，代金2000万円で甲土地を売った。
⑵ よって，原告は，被告に対し，代金2000万円のうち，1000万円の支払を求める。

70. ① 債権者が権利を行使することができる状態になったことを知った時から５年又は債権者が権利を行使することができる状態になった時から10年の経過（時効期間の経過）
② 援用者が相手方に対し，時効援用の意思表示をしたこと

71. ⑴ 原告は，令和２年12月13日，請求原因⑴（原告は，被告に対し，令和２年12月13日，代金2000万円で甲土地を売った。）の代金債権が行使できる状態にあることを知った。
⑵ 令和７年12月13日は経過した。
⑶ 被告は，原告に対し，令和８年１月15日，第１回口頭弁論期日において，本件売買代金債権の消滅時効を援用するとの意思表示をした。

□ ／
□ ／
□ ／
72. **A**　消滅時効が抗弁として位置付けられるのはなぜかについて説明しなさい。

□ ／
□ ／
□ ／
73. **A**　消滅時効の抗弁のうち，権利行使可能な状態になったこと自体が要件事実とならないのはなぜかについて説明しなさい。

□ ／
□ ／
□ ／
74. **A**　消滅時効の抗弁のうち，時効援用の意思表示が要件事実となるのはなぜかについて説明しなさい。

□ ／
□ ／
□ ／
75. **B**　時効の完成猶予としての催告と訴訟上の請求（民150，147Ⅰ①）の要件事実について説明しなさい。

□ ／
□ ／
□ ／
76. **B**　時効の完成猶予としての催告と訴訟上の請求（民150，147Ⅰ①）の上記事例における記載例について説明しなさい。

□ ／
□ ／
□ ／
77. **A**　時効の完成猶予・更新が再抗弁として位置付けられるのはなぜかについて説明しなさい。

□ ／
□ ／
□ ／
78. **A**　時効の更新として承認（民152）の上記事例における要件事実・記載例について説明しなさい。

□ ／
□ ／
□ ／
79. **B**　時効援用権の喪失の要件事実について説明しなさい。

72.　消滅時効の主張が認められると，時効の起算日に遡って権利が消滅し（民166Ⅰ・144），請求原因の効果として発生した権利が消滅する。また，消滅時効の主張は請求原因と両立することになる。そのため，消滅時効の主張は，抗弁として位置付けられる。

なお，消滅時効は附帯請求との関係でも抗弁となる。

73.　権利行使可能な状態になったことは，本来は時効消滅の効果を主張する者に有利な事実なので消滅時効を主張する者が主張すべきであるが，権利行使可能な状態になったことは請求原因で既に現れているのが通常なので改めての主張は不要である。

74.　民法145条・146条は時効による権利消滅の効果は当事者の意思をも考慮して生じさせることとしているため，時効の効果は，時効が援用された時に初めて確定的に生じると解される（不確定効果説・停止条件説）。そうすると，消滅時効の援用は，訴訟法上の攻撃防御方法ではなく，実体法上の要件であると解すべきであり，停止条件付で発生していた時効の効果を確定させる意思表示ということになる。

したがって，消滅時効を主張するためには，援用の意思表示も必要となる。

75.　① 催告
② 訴訟上の請求

76.　(1) 原告は，被告に対し，令和7年9月9日，本件売買代金債務の履行を催告した。
(2) 原告は，被告に対し，同年12月27日，本件訴えを提起した。

77.　時効の完成猶予事由や更新事由が認められれば，消滅時効の抗弁による権利の消滅という法的効果の発生が障害されて，請求原因に基づく売買代金支払請求等の請求が認められることになるから，再抗弁として位置付けられる。

78.　【承認の事実に争いある場合】
被告は，原告に対し，令和3年3月13日，本件売買代金債務のうち1000万円を支払った。
【承認の事実に争いのない場合】
被告は，原告に対し，令和3年3月13日，本件売買代金債務を承認した。

79.　債務者が，時効が完成した後に，債権者に対し債務の承認をしたこと。

□ ／
□ ／
□ ／

80. **B** 時効援用権の喪失の上記事例における記載例について説明しなさい。

第7　債務不履行解除の抗弁

1　催告解除の抗弁

【事例】

（Xの言い分）

1．私は，令和3年3月1日に，Yが所有していた甲土地を購入しました。代金は5000万円との約束でした。

2．ところが，Yは，支払日から3か月がすぎた現在でも，甲土地を引き渡してくれませんし，所有権移転登記手続もしてくれません。

（Yの言い分）

1．Xに甲土地を売ったのは間違いありませんが，その際，令和3年3月20日に，甲土地の引渡しと登記手続と代金の支払を，A司法書士事務所で行うとの約束をしました。

2．しかし，約束の日，私が甲土地を引き渡せる状態にし，所有権移転登記手続に必要な書類を用意して，A司法書士事務所に赴いたにもかかわらず，Xは現れませんでした。

3．その後，私は，Xに対して，同月24日，売買代金の支払を催告したものの，1週間経過しても返事がありませんでした。

4．そこで，私は，Xに対して，同年4月3日，上記売買契約を解除する旨の連絡をしましたので，甲土地の引渡しも所有権移転登記手続もする必要はないはずです。

□ ／
□ ／
□ ／

81. **A** 目的物引渡債務につき期限の定めがある場合の催告解除の抗弁の要件事実について説明しなさい。

80.　被告は，原告に対し，令和７年12月15日，残代金を支払う旨を約束した。

第７　債務不履行解除の抗弁

１　催告解除の抗弁

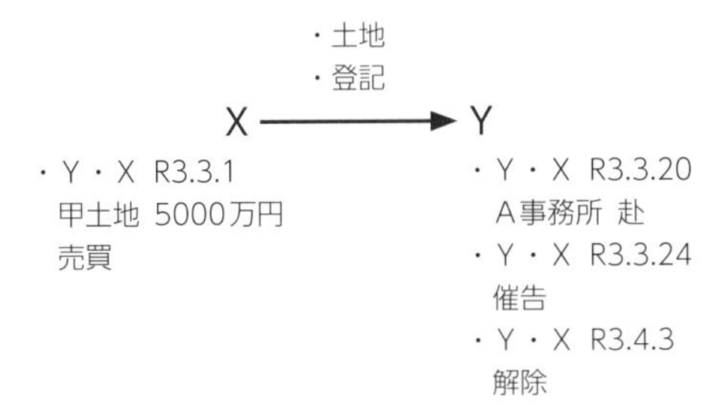

81.　① 履行期の定め
② 履行期の経過
③ 催告
④ 相当期間の経過
⑤ 解除の意思表示
⑥ 催告に先立つ反対給付の履行の提供

□ ／
□ ／
□ ／

82. **A** 　目的物引渡債務につき期限の定めがある場合の催告解除の抗弁の上記事例における記載例について説明しなさい。

□ ／
□ ／
□ ／

83. **A** 　催告解除の抗弁のうち，債務の発生原因事実が要件事実となる（又はならない）のはなぜかについて説明しなさい。

□ ／
□ ／
□ ／

84. **A** 　催告解除の抗弁のうち，相当期間経過時における不履行の程度が軽微ではないことが要件事実とならないのはなぜかについて説明しなさい。

□ ／
□ ／
□ ／

85. **A** 　催告解除の抗弁のうち，催告に先立つ反対給付の履行の提供が要件事実となるのはなぜかについて説明しなさい。

82.　⑴　原告と被告は，本件売買契約において，引渡し及び登記手続を，令和３年３月20日に，Ａ司法書士事務所で行うとの合意をした。
⑵　被告は，令和３年３月20日，本件土地を引き渡せる状態にし，かつ，所有権移転登記手続に必要な書類を用意して，Ａ司法書士事務所に赴いた。
⑶　被告は，原告に対し，同月24日，売買代金5000万円の支払を催告した。
⑷　同月31日は経過した。
⑸　被告は，原告に対し，同年４月３日，本件売買契約を解除するとの意思表示をした。

83.　履行遅滞解除をするには前提として債務が存在していることを要するため必要であるが，請求原因で債務の発生原因事実が現れているのが通常であるため，通常はこれを改めて主張することは不要となる。

84.　債務の性質それ自体から不履行の程度が軽微であることが明らかである場合，解除の抗弁は主張自体失当であるところ，係る場合でない限り，不履行の程度が軽微であることは，解除権の発生が障害され（解除権が消滅して）抗弁の効果を覆滅させ，請求原因から発生する法律効果を復活させる再抗弁事由となるため，要件事実とならない。

85.　請求原因に現れた契約が売買型の契約である場合には，目的物引渡債務に同時履行の抗弁権が付着していることが基礎付けられている。
したがって，同時履行の抗弁権の存在効果を消滅させるべく催告に先立つ反対給付の履行の提供が要件事実となる。

2　債務不履行解除の意思表示と特約

(1)　停止期限付解除の抗弁

【事例】

（Ｙの言い分）

　私は，Ｘに対し，履行期日である令和３年１月31日にＸ方に赴き，代金300万円を用意して，甲自動車の引渡しを求めましたが，Ｘは応じませんでした。そこで，Ｘに対し，令和３年２月７日，「１週間後までに甲自動車を引き渡さなかったら契約を解除する」旨を通告しましたが，現在に至るまで，甲自動車は引き渡されていません。

□ ／
□ ／
□ ／

86. **A**　停止期限付解除の抗弁の要件事実について説明しなさい。

□ ／
□ ／
□ ／

87. **A**　停止期限付解除の抗弁の上記事例における記載例について説明しなさい。

□ ／
□ ／
□ ／

88. **A**　停止条件付解除ではなく停止期限付解除と構成されるのはなぜかについて説明しなさい。

2　債務不履行解除の意思表示と特約

⑴　停止期限付解除の抗弁

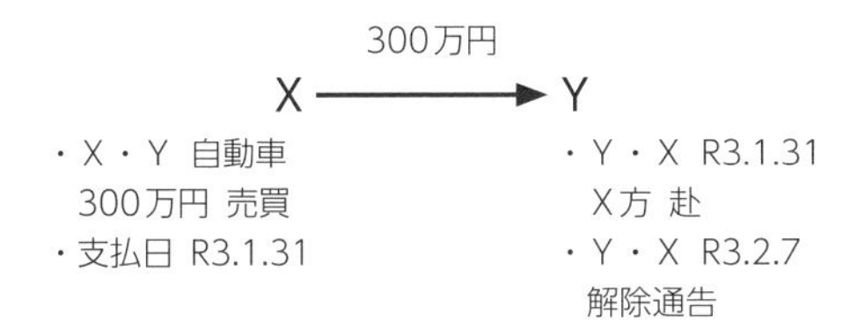

86.　①　催告
②　催告の際，催告期間が経過したときに契約を解除するとの意思表示をしたこと
③　催告期限の経過（停止期限の経過）
④　催告に先立つ反対給付の履行の提供

87.　⑴　被告は，令和３年１月31日，本件売買代金300万円を持参して原告方に赴き，原告に対しその受領を求めた。
⑵　被告は，原告に対し，令和３年２月７日，甲自動車を引き渡すよう催告するとともに，同月14日が経過した時に本件売買契約を解除するとの意思表示をした。
⑶　令和３年２月14日は経過した。

88.　債権者が「催告期間内に履行がないこと」を立証するのは催告解除との均衡から妥当ではないし，そもそも弁済は弁済者が主張・立証すべき事項である。
したがって，合理的意思解釈により，「催告期間が経過した時に売買契約を解除する」との停止期限付解除の意思表示と解すべきである。

⑵　無催告解除特約の抗弁

【事例】

（Yの言い分）

1．私は，Xとの間で，履行期日である令和3年1月31日までにXが自動車を引き渡さない場合に催告を経ることなく契約を解除する旨の合意をしました。

2．令和3年1月31日，私は，代金200万円を持参してX方に赴きましたが，Xは受け取らず，また，自動車を引き渡してくれませんでした。

3．そこで，私は，令和3年4月10日，Xに対し，売買契約を解除する旨伝えました。

□ ＿／＿
□ ＿／＿
□ ＿／＿

89. B　無催告解除特約の抗弁の要件事実について説明しなさい。

□ ＿／＿
□ ＿／＿
□ ＿／＿

90. B　無催告解除特約の抗弁の上記事例における記載例について説明しなさい。

⑵　無催告解除特約の抗弁

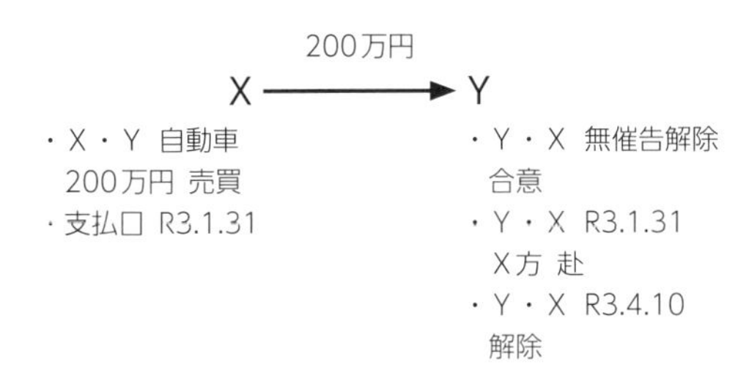

89.　①　確定期限（履行期）の合意と履行期の経過
②　無催告解除特約の合意
③　履行期経過後に解除の意思表示
④　解除の意思表示に先立って反対給付の履行を提供したこと

90.　⑴　原告と被告は，本件売買契約において，履行期を令和３年１月31日とすることを合意した。
⑵　令和３年１月31日が経過した。
⑶　原告と被告は，本件売買契約において，「原告が引渡債務の履行を怠った場合には，被告は，原告に対する催告を経ることなく，契約を解除することができる」との合意をした。
⑷　被告は，令和３年４月10日，原告に対し，本件売買契約を解除するとの意思表示をした。
⑸　被告は，令和３年１月31日，売買代金200万円を持参して，原告方に赴き，原告に対しその受領を求めた。

第3章　消費貸借

第1　貸金返還請求①　～基本型

【事例】

（Xの言い分）

私は，Yから，「100万円融通して欲しい。」と頼まれたので，Yに対し，平成24年1月15日，100万円を貸し，同日，お金を渡しました。返済期限は特に決めず，お金がある時に返してくれればいい，というつもりで貸しました。

しかし，2年経ってもYが返済する素振りを見せないので，平成26年2月20日に，Yに対し，100万円を同月末日までに返還するように求めました。しかし，Yは支払いません。

そこで，Yに対して100万円の返還を求めたいと考えています。

□ ＿/＿
□ ＿/＿
□ ＿/＿

91. **A**　上記事例における請求の趣旨について説明しなさい。

□ ＿/＿
□ ＿/＿
□ ＿/＿

92. **A**　上記事例における訴訟物について説明しなさい。

□ ＿/＿
□ ＿/＿
□ ＿/＿

93. **A**　弁済期の定めがある場合の貸金返還請求の要件事実について説明しなさい。

□ ＿/＿
□ ＿/＿
□ ＿/＿

94. **A**　上記事例における記載例について説明しなさい。

□ ＿/＿
□ ＿/＿
□ ＿/＿

95. **A**　弁済期の定めがある場合の貸金返還請求の要件事実のうち，目的物の返還約束及び目的物の授受が要件事実となるのはなぜかについて説明しなさい。

第３章　消費貸借

第１　貸金返還請求①　～基本型

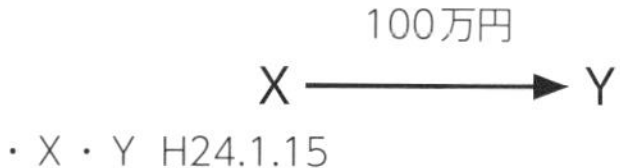

・X・Y　H24.1.15
　100万円貸付
・X・Y　H26.2.20
　返還求

91.　被告は，原告に対し，100万円を支払え。

92.　消費貸借契約に基づく貸金返還請求権　１個

93.
① 金銭の返還約束
② 金銭の交付
③ 返還時期の合意
④ 返還時期の到来

94.
⑴ 原告は，被告に対し，平成24年１月15日，弁済期の定めなく，100万円を貸し付けた。
⑵ 原告は，被告に対し，平成26年２月20日，⑴の貸金の支払を催告した。
⑶ 同月末日は到来した。
⑷ よって，原告は，被告に対し，⑴の消費貸借契約に基づき，貸金100万円の支払を求める。

95.　消費貸借契約の冒頭規定（民587）によれば，目的物の返還約束及び目的物の授受が消費貸借契約の実体法上の成立要件となるため，目的物の返還約束及び目的物の授受が要件事実となる。

□ ／
□ ／
□ ／

96. **A**　弁済期の定めがある場合の貸金返還請求の要件事実のうち，返還時期の合意とその到来が要件事実となるのはなぜかについて説明しなさい。

□ ／
□ ／
□ ／

97. **A**　弁済期の定めがない場合の貸金返還請求の要件事実について説明しなさい。

□ ／
□ ／
□ ／

98. **A**　弁済期の定めがない場合の貸金返還請求の要件事実のうち，返還の催告及び催告後相当期間の末日の到来が要件事実となるのはなぜかについて説明しなさい。

□ ／
□ ／
□ ／

99. **B**　期限の利益喪失約款に基づき弁済期の到来を主張するための要件事実について説明しなさい。

□ ／
□ ／
□ ／

100. **B**　上記要件事実となるのはなぜかについて説明しなさい。

□ ／
□ ／
□ ／

101. **B**　諾成契約としての消費貸借契約（民587の２）に基づき貸金等の交付を請求する場合の要件事実について説明しなさい。

96.　消費貸借契約は，貸主が交付した金銭等を借主に利用させることを目的とする契約なので，契約成立から返還までの間に一定の期間があることが前提である。
　したがって，貸金の返還時期の合意がある場合には，その期限が到来した時に初めて貸金返還請求権が発生し，返還時期の合意とその到来が要件事実となる。

97.
① 金銭の返還約束
② 金銭の交付
③ ①の債務の履行の催告
④ 催告後相当期間の末日の到来

98.　当事者間に貸金の返還時期についての合意がない場合，貸主は相当期間を定めて返還の催告をなし得る（民591 Ⅰ）が，催告から客観的に見て相当期間が経った場合には貸金返還請求権が発生すると考えられるため，催告に当たり相当期間を定めることは不要である。
　したがって，返還時期の定めがない場合に貸金返還請求権が発生するには，③返還の催告及び④催告後相当期間の末日の到来が必要となる。

99.
① 期限の利益喪失約款の合意
② ①の合意による期限の利益の喪失の要件に該当する事実

100.　弁済は債権の消滅事由であって，債務者が主張立証責任を負うと解すべきであるから，「各弁済期が経過したときには債務者は期限の利益を喪失する」旨の停止期限と解釈すべきだからである。

101.
① 消費貸借の合意
② ①の合意が書面によりなされたこと

第2　貸金返還請求② ～利息・遅延損害金請求

【事例】

（Xの言い分）

私は，平成25年3月5日，Yから150万円を貸してほしいと頼まれたので，これを了承し，同月10日，期限を平成26年10月14日，利息を年1分，期限を過ぎた場合の損害金を年1割5分とする約束で，150万円を現金で渡しました。

その後，期限を過ぎても返済はありません。

そこで，Yに対して利息や遅延損害金の支払まで求めたいです。

□ ／
□ ／
□ ／

102. B　上記事例における請求の趣旨について説明しなさい。

□ ／
□ ／
□ ／

103. B　上記事例における訴訟物について説明しなさい。

□ ／
□ ／
□ ／

104. B　利息請求の要件事実について説明しなさい。

□ ／
□ ／
□ ／

105. B　遅延損害金請求の要件事実について説明しなさい。

□ ／
□ ／
□ ／

106. B　上記事例における記載例について説明しなさい。

第2　貸金返還請求②　〜利息・遅延損害金請求

・150万円
・利息
・遅延損害金

X  Y

・X・Y　H25.3.10
　150万円貸付
・期限　H26.10.14
・利息　年1分
・損害金　年1割5分

102.　被告は，原告に対し，150万円並びにこれに対する平成25年3月10日から平成26年10月14日まで約定の年1分の割合による金員及び平成26年10月15日から支払済みまで約定の年1割5分の割合による金員を支払え。

103.
①　消費貸借契約に基づく貸金返還請求権　1個
②　利息契約に基づく利息請求権　1個
③　履行遅滞に基づく損害賠償請求権　1個

104.
①　元本債権の発生原因事実
②　利息の約定
③　利息を生じるべき一定期間の到来

105.
①　元本債権の発生原因事実
②　履行期（弁済期）の経過
③　損害の発生及びその数額

106.
⑴　原告は，被告に対し，平成25年3月10日，150万円を，次の約定で貸し付けた。
　弁済期　平成26年10月14日
　利　息　年1分
　損害金　年1割5分
⑵　平成26年10月14日は経過した。
⑶　よって，原告は，被告に対し，⑴の消費貸借契約に基づき，元金150万円並びにこれに対する平成25年3月10日から平成26年10月14日まで約定の年1分の割合による利息及び同年10月15日から支払済みまで約定の年1割5分の割合による遅延損害金の支払を求める。

□ ／
□ ／
□ ／

107. B　利息請求の要件事実のうち，元本債権の発生原因事実が要件事実となるのはなぜかについて説明しなさい。

□ ／
□ ／
□ ／

108. B　利息請求の要件事実のうち，利息の約定が要件事実となるのはなぜかについて説明しなさい。

□ ／
□ ／
□ ／

109. B　利息請求の要件事実のうち，利息を生じるべき一定期間の到来が要件事実となるのはなぜかについて説明しなさい。

第３　準消費貸借契約

【事例】

（Ｘの言い分）

私は，Ｙに対して，平成25年３月１日120万円を，同年５月１日に50万円を，いずれも支払日を同年12月１日と決めて，無利息で貸しました。

その後，Ｙが，２つの借金をまとめたいと申し入れてきたので，同年11月25日，上記貸金債権合計170万円について，支払日を平成26年５月１日とする約定で貸すとの契約を結びました。

ところが，上記の支払期日になっても，Ｙは，支払ってくれません。お金を支払ってほしいです。

（Ｙの言い分）

平成25年３月１日に120万円を借りたことはありません。

□ ／
□ ／
□ ／

110. A　上記事例における請求の趣旨について説明しなさい。

□ ／
□ ／
□ ／

111. A　上記事例における訴訟物について説明しなさい。

107.　利息は元本の存在を前提としてその利用の対価としての性質を有するので，元本債権の発生原因事実が要件事実となる。

＊元本とともに請求している場合には，元本についての請求原因に現れる

108.　消費貸借契約は原則として無利息である（民589 Ⅰ）から，利息請求をするためには利息の約定が要件事実となる。

＊利率については，利息契約があったとしても約定利息の主張立証がない場合には法定利率（民404）による

109.　利息の生じる期間は，特約のない限りは，消費貸借契約成立日（≠契約成立の翌日）から元本の返還をすべき日までの元本使用期間である。そのため，一定間の最終日の到来の摘示が必要となる。

＊遅延損害金も請求する場合，履行遅滞の要件として弁済期の「経過」を主張

第3　準消費貸借契約

・X・Y　H25.3.1
120万円貸付
・X・Y　H25.5.1
50万円貸付
・X・Y　H25.11.25
合計170万円貸付
・支払日　H26.5.1

110.　被告は，原告に対し，170万円を支払え。

111.　準消費貸借契約に基づく貸金返還請求権　1個

□ ／
□ ／
□ ／

112. **A** 　準消費貸借契約に基づく貸金返還請求の要件事実について説明しなさい。

□ ／
□ ／
□ ／

113. **A** 　上記事例における記載例について説明しなさい。

□ ／
□ ／
□ ／

114. **A** 　準消費貸借契約に基づく貸金返還請求の要件事実のうち，旧債務の存在の主張の要否について説明しなさい。

□ ／
□ ／
□ ／

115. **A** 　旧債務の不存在に関する抗弁の要件事実・記載例について説明しなさい。

112.　① 旧債務の発生原因事実（被告説からは旧債務の特定に必要な事実）
② 準消費貸借契約の合意
③ 返還時期の定め（弁済期の合意）
④ 弁済期の到来

113.　⑴ 原告は，被告との間で，平成25年11月25日，支払期日を平成26年５月１日として，原告の被告に対する両者間の平成25年３月１日の消費貸借契約に基づく120万円の貸金債権，同じく同年５月１日の消費貸借契約に基づく50万円の貸金債権を消費貸借契約の目的とする旨合意した。
⑵ 平成26年５月１日は到来した。
⑶ よって，原告は，被告に対し，本件準消費貸借契約に基づき，170万円の支払を求める。

114.　民法588条によれば，準消費貸借契約に基づく貸金返還請求権が発生するためには，①旧債務の存在と②準消費貸借の合意が必要であるが，請求原因として旧債務の発生原因事実を主張立証することは不要である（旧債務を他の債務と識別できる程度に特定する必要はある）（被告説）。

115.　原告は，被告に対し，平成25年３月１日，120万円を貸し付けなかった。

第4　保証債務履行請求

【事例】

（Xの言い分）

1．私は，令和4年2月10日，Aに対して，期限を令和5年10月14日，利息を年1分，期限を過ぎた場合の損害金を年1割5分とする約束で，100万円を貸しました。

2．念のため，上記100万円について，Aの父であるYに連帯保証人になってもらうことにして，令和4年11月15日，Yに，保証書に署名押印してもらいました。

3．その後，Aは100万円を返そうとしないばかりか，ここ数か月は電話もつながらない状況にあります。そこで，連帯保証人であるYに責任をとってもらおうと思います。

4．なお，Aと音信不通になる前の令和6年7月頃，私はAに対し，100万円について返すつもりがあるのかどうか問いただしたところ，Aは，もうすぐ金の目処がつくから待ってほしいと答えました。それなのに保証人であるYが支払わないのはおかしいと思います。

（Yの言い分）

1．XがAに100万円を貸したのは5年以上も昔のことですから，AのXに対する債務は時効により消滅したはずです。私は，令和10年11月8日，Xに対し「Aの債務は既に時効にかかっているから払う必要はない。」旨の書面を差し入れました。

2．また，先月Aの部屋を整理していたら，令和4年12月1日付の売買契約書類が見つかりました。それらの書類によれば，AがXに対してロードバイク（以下「甲自転車」）を100万円で売り，即時引き渡したものの，代金100万円はまだ支払われていないようです。そこで私は，令和11年10月13日，Xに対し，この100万円でもって相殺するということも通知しています。

□ ＿/＿　**116.**　**A**　上記事例における請求の趣旨について説明しなさい。
□ ＿/＿
□ ＿/＿

□ ＿/＿　**117.**　**A**　上記事例における訴訟物について説明しなさい。
□ ＿/＿
□ ＿/＿

第４　保証債務履行請求

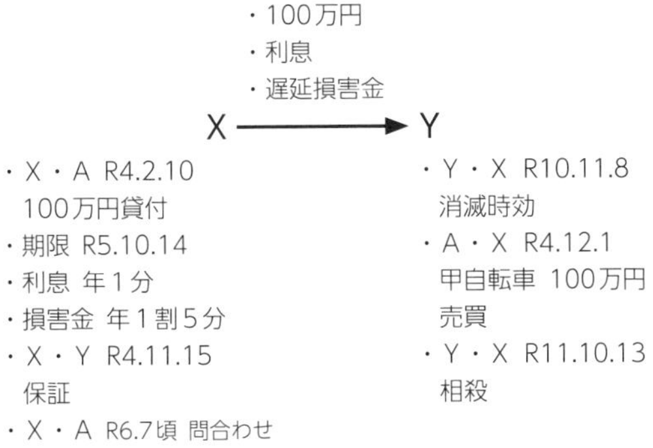

・100万円
・利息
・遅延損害金

X ――→ Y

・X・A R4.2.10
100万円貸付
・期限 R5.10.14
・利息 年１分
・損害金 年１割５分
・X・Y R4.11.15
保証
・X・A R6.7頃 問合わせ

・Y・X R10.11.8
消滅時効
・A・X R4.12.1
甲自転車 100万円
売買
・Y・X R11.10.13
相殺

116.　被告は，原告に対し，100万円並びにこれに対する令和４年２月10日から令和５年10月14日まで約定の年１分の割合による金員及び同年10月15日から支払済みまで約定の年１割５分の割合による金員を支払え。

117.　保証契約に基づく保証債務履行請求権　１個

□ ／
□ ／
□ ／
118. **A**　保証契約に基づく保証債務履行請求の要件事実について説明しなさい。

□ ／
□ ／
□ ／
119. **A**　上記事例における記載例について説明しなさい。

□ ／
□ ／
□ ／
120. **A**　保証契約と連帯保証契約の関係について説明しなさい。

□ ／
□ ／
□ ／
121. **A**　保証契約に基づく保証債務履行請求の要件事実のうち，主債務の発生原因事実が要件事実となるのはなぜかについて説明しなさい。

□ ／
□ ／
□ ／
122. **A**　保証契約に基づく保証債務履行請求の要件事実のうち，保証契約を締結したことが要件事実となるのはなぜかについて説明しなさい。

□ ／
□ ／
□ ／
123. **A**　保証契約に基づく保証債務履行請求の要件事実のうち，保証意思が書面によることが要件事実となるのはなぜかについて説明しなさい。

118.　①　主債務の発生原因事実
②　保証契約を締結したこと
③　保証意思が書面によること（※Ｈ17.4.1以前の保証契約には不要）

119.　⑴　原告は，Ａに対し，令和４年２月10日，100万円を，次の約定で貸し付けた。
弁済期　令和５年10月14日
利　息　年１分
損害金　年１割５分
⑵　被告は，原告との間で，令和４年11月15日，⑴の貸金返還債務を保証するとの合意をした。
⑶　⑵の意思表示は保証契約書によってされた。
⑷　令和５年10月14日は経過した。
⑸　よって，原告は，被告に対し，⑵の保証契約に基づき，100万円並びにこれに対する令和４年２月10日から令和５年10月14日まで約定の年１分の割合による金員及び同年10月15日から支払済みまで約定の年１割５分の割合による金員の支払を求める（→よって書は訴訟物特定のために記載するものであるところ，本件の訴訟物は，「保証契約に基づく保証債務履行請求権」であり，貸金返還請求権・利息請求権・損害賠償請求権ではないので，「貸金（元金）」，「利息」，「遅延損害金」といった特定は不要）。

120.　連帯保証契約は，保証債務の補充性を奪うが付従性を奪うものでなく，保証契約の一種であり，債権者の権利を強化するため連帯の特約をすることによって成立する。
したがって，連帯保証の場合でも，訴訟物は保証契約に基づく保証債務履行請求権となる。

121.　保証債務は，付従性（民448参照）から主たる債務の存在が必要となるため，主債務の発生原因事実が必要となる。

122.　保証契約も「契約」（民446Ⅱ）であるから，主債務の債権者と保証人との間で合意がなされていることが必要というべきである。
したがって，保証人となる者が債権者との間で①の債務を保証する旨合意したことが必要となる。

123.　民法446条２項によれば，保証契約は書面でなされることが必要であるため，保証意思が書面によることも必要となる。

□ ＿/＿ □ ＿/＿ □ ＿/＿

124. A　保証契約に基づく保証債務履行請求の要件事実のうち，連帯の特約が請求原因とならないのはなぜかについて説明しなさい。

□ ＿/＿ □ ＿/＿ □ ＿/＿

125. B　消滅時効の抗弁を主張する場合の上記事例における記載例について説明しなさい。

□ ＿/＿ □ ＿/＿ □ ＿/＿

126. B　消滅時効の主張が抗弁として位置付けられるのはなぜかについて説明しなさい。

□ ＿/＿ □ ＿/＿ □ ＿/＿

127. B　履行拒絶（取消権・解除権・相殺権）の抗弁の要件事実について説明しなさい。

□ ＿/＿ □ ＿/＿ □ ＿/＿

128. B　履行拒絶（取消権・解除権・相殺権）の主張が抗弁として位置付けられるのはなぜかについて説明しなさい。

□ ＿/＿ □ ＿/＿ □ ＿/＿

129. B　訴訟上の行使（民452）を前提とする催告の抗弁の要件事実について説明しなさい。

□ ＿/＿ □ ＿/＿ □ ＿/＿

130. B　訴訟外の行使（民455）を前提とする催告の抗弁の要件事実について説明しなさい。

124.　保証説によれば，連帯の特約は請求原因とならず，催告・検索の抗弁に対する再抗弁として位置付けられる。
ただし，同一手続で複数の保証人に対して保証債務の全額を請求する場合，請求原因で分割債務（民456）となることが通常現れ，そのままでは全額請求との関係では主張自体失当となるので，連帯の特約を請求原因にせり上げて主張する必要がある。

125.　⑴　原告は，令和5年10月14日，請求原因⑴の貸金債権が行使できる状態にあることを知った。
⑵　令和10年10月14日は経過した。
⑶　被告は，同年11月8日，原告に対し，⑴の時効を援用するとの意思表示をした。

126.　保証人は，主債務の消滅時効を援用できる「当事者」（民145）に該当するところ，主債務が消滅すれば付従性から保証債務も消滅し，請求原因の効果として生じる保証債務履行請求権が認められないことになる。そのため，主債務の消滅時効の主張は，抗弁として位置付けられる。

127.　【取消権又は解除権の場合】
①　取消権又は解除権の発生原因事実
②　保証債務の支払を拒絶する旨の権利主張
【相殺権の場合】
①　自働債権の発生原因事実
②　（①が売買契約である場合）目的物の提供の事実
（①が貸借型契約である場合）弁済期の合意及びその到来
③　自働債権と対当額で保証債務の支払を拒絶する旨の権利主張

128.　主債務者が取消権，解除権又は相殺権を有する場合，これらの権利の行使により主債務者が債務を免れるべき限度において，保証人は保証債務履行請求を拒絶（阻止）することができる。このような拒絶の主張が認められれば，請求原因により生じる保証債務履行請求は認められないこととなるから，抗弁として位置付けられる。

129.　催告の抗弁の権利主張。

130.　①　催告の抗弁権を行使したこと
②　①の時に主債務者が弁済可能であった額

□ ／　□ ／　□ ／

131. B　催告の抗弁に対する再抗弁として考えられるものについて説明しなさい。

□ ／　□ ／　□ ／

132. B　訴訟上の行使（民453）を前提とする検索の抗弁の要件事実について説明しなさい。

□ ／　□ ／　□ ／

133. B　訴訟外の行使（民455）を前提とする検索の抗弁の要件事実について説明しなさい。

□ ／　□ ／　□ ／

134. B　検索の抗弁に対する再抗弁として考えられるものについて説明しなさい。

□ ／　□ ／　□ ／

135. B　分別の利益の抗弁の要件事実について説明しなさい。

□ ／　□ ／　□ ／

136. B　分別の利益に対する再抗弁として考えられるものについて説明しなさい。

131.　①　連帯保証であること（民454）
　　　②　主債務が商行為により生じたこと又は保証が商行為（商511 Ⅱ）

132.　①　債務者の弁済の資力（→執行可能な若干の財産の主張でよい）
　　　②　執行の容易性
　　　③　検索の抗弁権の権利主張

133.　①　検索の抗弁を行使したこと
　　　②　①の時の債務者の弁済の資力
　　　③　①の時の執行の容易性
　　　④　①の時に主債務者に対する執行により回収可能であった額

134.　①　連帯保証であること（民454）
　　　②　主債務が商行為により生じたこと又は保証が商行為（商511 Ⅱ）

135.　債権者と他者との間にも主債務者につき保証契約成立。

136.　①　連帯保証特約（民456，427）
　　　　　連帯保証人が複数いる場合，分別の利益はない（判例）
　　　　　※せり上げて主張すべき場合に注意
　　　②　主債務が商行為により生じたこと又は保証が商行為（商511 Ⅱ）
　　　③　保証連帯特約（民465 Ⅰ）

第４章　賃貸借

第１　賃料請求

【事例】

（Xの言い分）

私は，私の所有するマンションをYという人物に貸すことになりました。家賃は月額10万円とし，翌月分を毎月末日までに支払うことと決めました。私とYは，平成26年３月29日に面会し，契約書にサインしてもらい，その場で鍵も渡しています。賃貸の期間は，平成26年４月１日から平成28年３月末日とさせてもらいました。

ところが，Yは，平成26年８月分以降一切賃料を払わなくなりました。今日は10月１日ですので，Yは８月分，９月分，10月分と，実に３か月分の家賃を滞納していることになります。

Yには賃料を払ってもらいたいと思います。

□ ／
□ ／
□ ／

137. **A**　上記事例における請求の趣旨について説明しなさい。

□ ／
□ ／
□ ／

138. **A**　上記事例における訴訟物について説明しなさい。

□ ／
□ ／
□ ／

139. **A**　賃貸借契約に基づく賃料請求の要件事実について説明しなさい。

□ ／
□ ／
□ ／

140. **A**　上記事例における記載例について説明しなさい。

第4章　賃貸借

第1　賃料請求

・X・Y H26.3.29
　マンション賃貸
・賃料 月額10万円
・8～10月分滞納

137.　被告は，原告に対し，30万円を支払え。

138.　賃貸借契約に基づく賃料請求権　1個

139.　①　賃貸借の合意
②　①の契約に基づく引渡し
③　賃料支払債務を発生させる一定期間の経過
④　民法614条所定の支払時期の到来

140.　(1)　原告は，被告に対し，平成26年3月29日，別紙物件目録記載の建物（本件建物）を，賃貸期間同年4月1日から2年間，賃料1か月10万円とし，翌月分を毎月末日までに前払するとの約定で賃貸した。
(2)　原告は，被告に対し，同日，(1)の賃貸借契約に基づき本件建物を引き渡した。
(3)　平成26年7月から9月までの各月末日は経過した。
(4)　よって，原告は，被告に対し，(1)の賃貸借契約に基づき，賃料30万円の支払を求める。

□ ／
□ ／
□ ／

141. **A** 賃貸借契約に基づく賃料請求の要件事実のうち，賃貸借の合意が要件事実となるのはなぜかについて説明しなさい。

□ ／
□ ／
□ ／

142. **A** 賃貸借契約に基づく賃料請求の要件事実のうち，賃貸借契約に基づく引渡し及び賃料支払債務を発生させる一定期間の経過が要件事実となるのはなぜかについて説明しなさい。

□ ／
□ ／
□ ／

143. **B** 賃貸借契約に基づく賃料請求の要件事実のうち，民法614条所定の支払時期の到来が要件事実となるのはなぜかについて説明しなさい。

141.　賃料請求をするには賃貸借契約が成立していなければならず，賃貸借の合意が要件事実となる。

なお，賃貸借契約の冒頭規定（民601）によれば，賃貸借契約は目的物の使用収益と賃料の支払を約する合意なので，目的物と賃料を具体的に特定する必要がある。

142.　賃貸借契約における賃料は，目的物を一定期間賃借人による使用収益が可能な状態に置いたことに対する対価であるから，目的物を一定期間賃借人の使用可能な状態に置いたことが先履行の関係に立つ。

したがって，目的物を引き渡せば使用収益が可能な状態に置いたと考えられるから，賃貸借契約に基づく目的物の引渡し及び一定期間の経過が要件事実となる。

143.　賃料の支払時期については民法614条が規定するが，賃貸借契約の締結の事実の具体的内容が主張されることにより目的物の性質が明らかとなり，同条所定の支払時期の定めが現れる。

したがって，民法614条所定の支払時期の到来が要件事実となる。

なお，同条は任意規定なので，それと異なる合意及びその定めた期間の経過を主張立証することも可能である。

第2　建物明渡請求①　～賃料不払解除

【事例】

（Xの言い分）

1．私は，Yに対し，令和2年5月20日，私所有の本件建物を貸しました。

2．賃料は月15万円，毎月末日に当月分を支払うこと，賃貸期間は同年6月1日から2年間とするという約束でしたが，Yの要望で，5月25日から本件建物を使わせています。

3．ところが，令和3年5月分以降，Yは賃料を支払わなくなりました。そのため私は，同年9月10日，Yに対して内容証明郵便を送り，5月分以降の賃料合計60万円を10日以内に支払うよう求めるとともに，期間内に支払がないときは賃貸借契約を解除すると通知しました。この内容証明は，9月14日にはYのもとに届いているのですが，Yは何ら反応を示しません。

4．Yには建物から出て行ってもらいたいですし，滞納している賃料も払わせたいです。また，出て行くまでの間の賃料分も支払わせたいです。

（Yの言い分）

1．私は，賃料の支払を忘れていただけで，Xからの内容証明郵便を見て賃料を滞納していることに気付きました。

2．そこで，令和3年9月20日，60万円を持ってXの自宅を訪問しましたが，Xに受け取りを拒否されました。にもかかわらず，契約を解除するというのは勝手な話だと思います。

□ ＿/＿
□ ＿/＿
□ ＿/＿

144. **A**　上記事例における請求の趣旨について説明しなさい。

□ ＿/＿
□ ＿/＿
□ ＿/＿

145. **A**　上記事例における訴訟物について説明しなさい。

第２　建物明渡請求①　～賃料不払解除

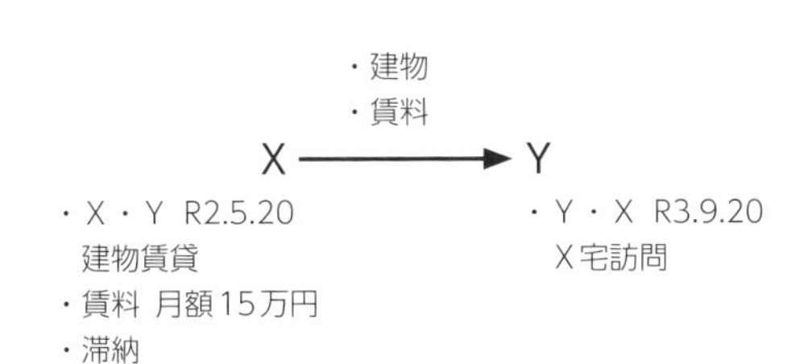

144.　１　被告は，原告に対し，別紙物件目録記載の建物（本件建物）を明け渡せ。
２　被告は，原告に対し，令和３年５月１日から前項の明渡し済みまで，１か月当たり15万円の割合による金員を支払え。

145.　①　賃貸借契約終了に基づく目的物返還請求権としての建物明渡請求権　１個
②　賃貸借契約に基づく賃料支払請求権（賃貸借契約存続期間の賃料）　１個
③　履行遅滞に基づく損害賠償請求権（賃貸借契約終了後の賃料相当損害金）　１個

□ ＿/＿
□ ＿/＿
□ ＿/＿

146. A　賃貸借契約終了に基づく目的物返還請求の要件事実について説明しなさい。

□ ＿/＿
□ ＿/＿
□ ＿/＿

147. A　上記事例における記載例について説明しなさい。

□ ＿/＿
□ ＿/＿
□ ＿/＿

148. A　賃貸借契約の終了原因と訴訟物の関係について説明しなさい。

146. ①　建物賃貸借の合意
②　①に基づく引渡し
③　賃貸借契約の終了原因事実（債務不履行＋催告解除）
〈債務不履行〉
③－１：債務の発生原因事実（→賃料債務の発生原因事実として賃料支払債務を発生される一定期間の経過）
③－２：民法614条所定の支払時期の経過
〈催告〉
③－３：③－１の一定期間分の賃料の支払の催告
③－４：催告後相当期間の経過
③－５：相当期間経過後の解除の意思表示
〈賃料相当損害金をも請求する場合〉
④　損害の発生及びその数額

147. ⑴　原告は，被告に対し，令和２年５月20日，別紙物件目録記載の建物（本件建物）を，賃貸期間同年６月１日から２年間，賃料１か月15万円の約定で賃貸した。
⑵　原告は，被告に対し，同年５月25日，⑴の賃貸借契約に基づき，本件建物を引き渡した。
⑶　令和３年５月から８月までの各月末日は経過した。
⑷　原告は，被告に対し，令和３年９月14日，同年５月分から８月分までの賃料合計60万円の支払を催告した。
⑸　原告は，被告に対し，⑷の際，令和３年９月24日が経過したときは本件賃貸借契約を解除するとの意思表示をした。
⑹　令和３年９月24日は経過した。
⑺　令和３年９月25日以降の本件建物の賃料相当額は，１か月15万円である。
⑻　よって，原告は，被告に対し，本件賃貸借契約の終了に基づき本件建物の明渡しを，本件賃貸借契約に基づき令和３年５月１日から同年９月24日まで１か月15万円の割合による賃料の支払を，本件建物の明渡債務の履行遅滞に基づく損害賠償として（本件賃貸借契約終了に基づき）本件賃貸借契約の終了の日の翌日である同年９月25日から明渡し済みまで１か月15万円の割合による遅延損害金の支払を，それぞれ求める。

148. 賃貸借契約に基づく明渡請求権は，賃貸借契約の効果として発生する目的物返還義務に由来するものであって，契約終了原因自体の効果として生ずるものではない。
そのため，１個の賃貸借契約に基づく明渡請求である限り，終了原因が複数でも訴訟物は１個となる。

□ ／
□ ／
□ ／

149. A　賃貸借契約終了に基づく目的物返還請求の要件事実のうち，賃貸借の合意が要件事実となるのはなぜかについて説明しなさい。

□ ／
□ ／
□ ／

150. A　賃貸借契約終了に基づく目的物返還請求の要件事実のうち，賃貸借の合意に基づく引渡しが要件事実となるのはなぜかについて説明しなさい。

□ ／
□ ／
□ ／

151. A　賃貸借契約終了に基づく目的物返還請求の要件事実のうち，賃貸借契約の終了原因事実が要件事実となるのはなぜかについて説明しなさい。

□ ／
□ ／
□ ／

152. B　賃貸借契約終了に基づく目的物返還請求に対する抗弁として，背信性なしの評価根拠事実が抗弁となるのはなぜかについて説明しなさい。

□ ／
□ ／
□ ／

153. B　背信性の判断要素について説明しなさい。

□ ／
□ ／
□ ／

154. B　無催告解除特約を前提とする無催告解除の要件事実について説明しなさい。

149.　賃貸借契約終了に基づく目的物返還請求権は，民法601条を根拠とするものであるところ，同条の要件は，「契約」が「終了した」こと及び「引渡しを受けた物」であることである。
　したがって，賃貸借の合意が要件事実となる。

150.　目的物が引き渡されていなければ目的物の返還を請求し得ないため，賃貸借の合意に基づく引渡しが要件事実となる。

151.　賃貸借契約が終了しなければその返還を求め得ないことから，賃貸借契約の終了原因事実も要件事実となる。

152.　当事者間の信頼関係に基礎を置く継続的契約である賃貸借契約においては，信頼関係の破壊が認められた場合に解除が認められ，信頼関係が破壊されていない場合には，不履行が「軽微」（民541ただし書）であるとして解除は認められない。もっとも，催告解除の場合，民法541条本文の要件を具備することで信頼関係の破壊が推定されるといえるため，背信性の不存在を基礎付ける評価根拠事実が抗弁となる。

153.　①　不払賃料額・期間
②　不払の態様
③　契約及び不払に至った経緯
④　賃借権の存否・範囲等についての争いの有無
⑤　賃借人の支払能力・支払意思
⑥　賃借人の過去における支払状況
⑦　催告の有無及び適否
⑧　催告到達後ないし解除の意思表示後の賃借人の対応等

154.　①　賃貸借の合意
②　①に基づく引渡し
③　一定期間の経過
④　民法614条所定の支払時期の経過
⑤　賃料支払時期が経過したときは，賃貸人は催告を要しないで賃貸借契約を解除することができるとの合意
⑥　賃借人の背信性の評価根拠事実（無催告解除特約がない場合よりも軽度でよい）
⑦　④の支払時期経過後の解除の意思表示

□ ／
□ ／
□ ／

155. B　無催告解除特約がない場合の無催告解除の要件事実について説明しなさい。

第3　建物明渡請求② ～増改築禁止特約違反による解除

□ ／
□ ／
□ ／

156. B　増改築禁止特約違反による解除を前提とする賃貸借契約終了に基づく目的物返還請求の要件事実について説明しなさい。

□ ／
□ ／
□ ／

157. B　上記請求の要件事実のうち，賃借人が増改築禁止特約に違反したことが要件事実となるのはなぜかについて説明しなさい。

□ ／
□ ／
□ ／

158. B　無催告解除特約を前提とする無催告解除の要件事実について説明しなさい。

□ ／
□ ／
□ ／

159. B　上記請求に対する承諾の抗弁の要件事実について説明しなさい。

155.　①　賃貸借の合意
②　①に基づく引渡し
③　一定期間の経過
④　民法614条所定の支払時期の経過
⑤　賃借人の背信性の評価根拠事実
⑥　解除の意思表示

第3　建物明渡請求②　～増改築禁止特約違反による解除

156.　①　賃貸借の合意
②　①に基づく引渡し
③　増改築をしないこと及び違反したときは，賃貸人は催告を要しないで賃貸借契約を解除することができるとの合意
④　賃借人が③の義務に違反したこと
⑤　解除の意思表示

157.　増改築禁止特約は不作為債務なので，その義務違反を主張する賃貸人が主張立証責任を負うから，賃借人が増改築禁止特約に違反したことも要件事実となる。

158.　①　賃貸借の合意
②　①に基づく引渡し
③　一定期間の経過
④　民法614条所定の支払時期の経過
⑤　賃料支払時期が経過したときは，賃貸人は催告を要しないで賃貸借契約を解除することができるとの合意
⑥　賃借人の背信性の評価根拠事実（無催告解除特約がない場合よりも軽度でよい）
⑦　④の支払時期経過後の解除の意思表示

159.　増改築についての承諾の意思表示。

□ ＿/＿
□ ＿/＿
□ ＿/＿

160. B　上記請求に対する背信性なしの評価根拠事実の抗弁の考慮要素について説明しなさい。

160. ①　特約の重要性（契約目的に照らして増改築の禁止がどの程度重視されていたか）
②　増改築の規模・程度（用途の指定，権利金・賃料等の対価等からどの程度の利用が許容されていたか）
③　原状回復の難易
④　建物の価値の減少の有無
⑤　使用目的変更の必然性
⑥　賃貸人の抑止，これに対応する賃貸人の言動

第４　建物明渡請求③ ～無断譲渡・転貸による解除

【事例】

（Ｘの言い分）

１．私は，平成23年３月15日，Ｙに私所有の本件建物を翌月１日から賃料１か月10万円で賃貸する旨合意しました。返還時期については特に決めないことにしました。私は退職後に本件建物に住む予定があったのですが，そのことは，契約前にＹに伝えてあります。約束通り，翌月１日に本件建物を引き渡しました。

２．しかし，平成25年８月13日，本件建物に寄ると，Ｙは留守であり，高校生くらいの男女数名が，本件建物の縁側でタバコを吸っていました。私が近くによると，リーダー格の男の子（Ｂ）が，「おっさん。Ｙおじさんに用事か。」と言うので，事情を尋ねたところ，Ｂは今年の４月から前橋市内のＣ高校に通い始めたが，実家からでは通学が大変なので，この家に下宿させてもらっていること，毎月３万円を下宿代としてＹに渡していることが判明しました。

３．その日は家に帰りましたが，帰宅後すぐにＹに架電しました。するとＹは，平成25年４月１日から，Ｂに本件建物のうちの一室を使わせていることを認めたものの，全く悪びれる様子がありませんでした。その態度に，私は腹が立ってしまい，「あなたのことを信頼してこの建物を貸したのに，無断で又貸しするとはどういうことだ。これ以上あなたに本件建物を貸すことはできない。今月いっぱいで，本件建物から出て行ってくれ。」と告げて，電話を切りました。

４．しかし，Ｙは立ち退きを拒んでいます。

（Ｙの言い分）

１．本件建物にＢを住まわせることについては，Ｘも了承していたはずです。平成25年２月14日，私はＸ宅に架電し，４月からＢがＣ高校に通うことになったので，本件建物に下宿させようと思っている旨を伝え，Ｘの許可をとっています。

２．Ｘは，あたかも私がＢに有料で間貸ししているかのように言いますが，Ｂの生活費には３万円以上かかっており，Ｂの両親から気持ちとしてもらっているお金にすぎません。しかも，Ｂに与えているのは６畳間の１室のみであり，建物全体の床面積からすると微々たるものです。

３．なお，賃料については，平成25年８月分以降，振り込んでも，その都度現金書留で同額が送り返されるようになったので，毎月末日供託し続けています。

□ ＿／＿　**161.　A**　　上記事例における請求の趣旨について説明しなさい。
□ ＿／＿
□ ＿／＿

第４　建物明渡請求③ ～無断譲渡・転貸による解除

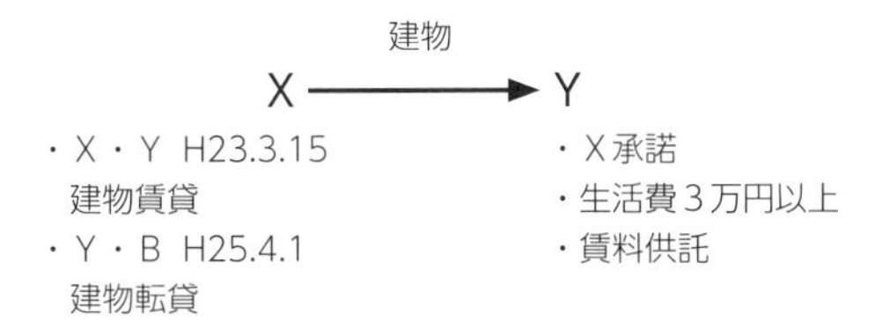

161.　被告は，原告に対し，別紙物件目録記載の建物（本件建物）を明け渡せ。

□ ／
□ ／
□ ／

162. **A** 上記事例における訴訟物について説明しなさい。

□ ／
□ ／
□ ／

163. **A** 無断譲渡・転貸による解除を理由とする賃貸借契約終了に基づく目的物返還請求の要件事実について説明しなさい。

□ ／
□ ／
□ ／

164. **A** 上記事例における記載例について説明しなさい。

□ ／
□ ／
□ ／

165. **A** 上記請求の要件事実のうち，賃借人・第三者間の賃貸借の合意及び第三者が引渡しを受けて使用収益したことが要件事実となるのはなぜかについて説明しなさい。

□ ／
□ ／
□ ／

166. **A** 上記請求の要件事実のうち，承諾を得なかったことが要件事実とならないのはなぜかについて説明しなさい。

□ ／
□ ／
□ ／

167. **A** 上記請求に対する承諾の抗弁の要件事実について説明しなさい。

□ ／
□ ／
□ ／

168. **A** 上記請求に対する抗弁として，承諾が抗弁として位置付けられるのはなぜかについて説明しなさい。

□ ／
□ ／
□ ／

162.　賃貸借契約終了に基づく目的物返還請求権としての建物明渡請求権　１個

163.　①　ＸＹ間賃貸借の合意
②　①に基づく引渡し
③　ＹＢ間賃貸借の合意
④　③に基づき転借人（譲受人）が引渡しを受け，使用収益したこと
⑤　解除の意思表示

164.　⑴　原告は，被告に対し，平成23年３月15日，本件建物を，同年４月１日から賃貸期間を定めずに，賃料１か月10万円の約定で賃貸した。
⑵　原告は，被告に対し，同年４月１日，⑴の賃貸借契約に基づき，本件建物を引き渡した。
⑶　被告は，Ｂに対し，平成25年４月１日，本件建物の一室を，賃料１か月３万円で賃貸した。
⑷　被告は，Ｂに対し，同日，⑶の賃貸借契約に基づき本件建物の一室を引き渡し，Ｂはこれを使用した。
⑸　原告は，被告に対し，同年８月13日，⑴の賃貸借契約を解除するとの意思表示をした。

165.　賃貸借契約の終了原因として無断転貸を理由とする解除を主張する場合，民法612条２項・１項によれば，賃借人と第三者との間で賃貸目的物につき賃貸借契約の合意がなされたこと，これにつき賃貸人の承諾を得ていないこと，第三者が目的物の引渡しを受けてこれを使用又は収益をしたことが必要となる。
したがって，賃借人・第三者間の賃貸借の合意及び第三者が引渡しを受けて使用収益したことが要件事実となる。

166.　承諾を得ていないことについては，主張立証責任の公平・分配の見地から，無断転貸による解除の法的効果を争う賃借人が承諾を得たことにつき主張立証責任を負うべきなので，承諾を得なかったことは要件事実とならない。

167.　賃貸人が，解除の意思表示に先立って，賃借人又は転借人に対し，賃貸借契約について承諾の意思表示をしたこと。

168.　転貸について賃貸人の承諾があれば，賃借人による転貸は適法なものとなり，無断転貸を理由とした賃貸借契約の解除は認められず，請求原因に基づく請求権の発生が障害される。そのため，承諾の存在は，抗弁として位置付けられる。

□ ／
□ ／
□ ／

169. **A**　上記請求に対する背信性の不存在の抗弁の要件事実について説明しなさい。

□ ／
□ ／
□ ／

170. **A**　上記請求に対する抗弁として背信性の不存在が抗弁として位置付けられるのはなぜかについて説明しなさい。

□ ／
□ ／
□ ／

171. **A**　背信性の考慮要素について説明しなさい。

第５　建物明渡請求④ ～解約申入れ

【事例】

（Xの言い分）

1．私は，平成23年３月15日，Ｙに私所有の本件建物を翌月１日から賃料１か月10万円で賃貸する旨合意しました。返還時期については特に決めないことにしました。私は退職後に本件建物に住む予定があったのですが，そのことは，契約前にＹに伝えてあります。約束通り，翌月１日に本件建物を引き渡しました。

2．その後，平成26年３月31日付で，退職することになりました。それに先立ち，平成25年７月初め，私は，Ｙとの間の契約を解約する旨の内容証明郵便を出し，これは同月４日にＹに届いています。

3．しかし，Ｙは，Ｂを含めていまだに本件建物に住み続けています。本件建物と同様の立地，間取りの建物はそう珍しいものではなく，前橋市内で探せばいくらでもありますし，その賃料も８万円から15万円程度であると聞いているので，どこか他の住居を探して欲しいと思います。既に私がした解約の申入れから６か月が経過しましたが，Ｙが本件建物から出て行く気配はありません。

□ ／
□ ／
□ ／

172. **B**　上記事例における請求の趣旨について説明しなさい。

169.　賃借人の非背信性を基礎付ける評価根拠事実。

170.　無断転貸であったとしても，それが賃貸人に対する背信的行為と認めるに足りない特段の事情が認められる場合には，民法612条２項の解除権は発生しない（最判昭28.9.25）。そのため，賃借人の非背信性を基礎付ける評価根拠事実の主張は，賃借人が主張立証すべき抗弁として位置付けられる。

171.
①　賃貸借の目的・性質
②　譲渡・転貸の範囲・継続性やその必要性（譲渡・転貸部分がわずかか，譲渡・転貸が一時的で現在は行われていないか）
③　賃借人と転借人との人的関係（特別な人的関係があり主体に実質的変更があるか）
④　賃借物の利用状況の変化

第５　建物明渡請求④　～解約申入れ

172.　被告は，原告に対し，別紙物件目録記載の建物（本件建物）を明け渡せ。

□ ／
□ ／
□ ／

173. B　上記事例における訴訟物について説明しなさい。

□ ／
□ ／
□ ／

174. B　解約申入れを理由とする賃貸借契約終了に基づく目的物返還請求の要件事実について説明しなさい。

□ ／
□ ／
□ ／

175. B　上記事例における記載例について説明しなさい。

□ ／
□ ／
□ ／

176. B　上記請求の要件事実のうち，解約申入れの意思表示及びその後6か月の経過が要件事実となるのはなぜかについて説明しなさい。

□ ／
□ ／
□ ／

177. B　上記請求の要件事実のうち，正当事由が存在したことを基礎付ける評価根拠事実が要件事実となるのはなぜかについて説明しなさい。

□ ／
□ ／
□ ／

178. B　一時使用目的の場合の要件事実について説明しなさい。

173.　賃貸借契約終了に基づく目的物返還請求権としての建物明渡請求権　1個

174.　① 「期間の定めなく」建物賃貸借の合意
② ①に基づく引渡し
③ 解約申入れの意思表示
④ ③の後，6か月の経過
⑤ ③の時点から④の時点まで，解約申入れに正当事由が存在していたことを基礎付ける評価根拠事実（→「正当事由」は③から④まで継続する必要あるが，④後に消滅しても解約権に影響しない）

175.　⑴ 原告は，被告に対し，平成23年3月15日，本件建物を，同年4月1日から賃貸期間を定めずに，賃料1か月10万円の約定で賃貸した。
⑵ 原告は，被告に対し，同年4月1日，⑴の賃貸借契約に基づき，本件建物を引き渡した。
⑶ 原告は，被告に対し，平成25年7月4日，本件賃貸借契約の解約申入れの意思表示をした。
⑷ 平成26年1月4日は経過した。
⑸ 本件建物と同様の立地，間取りの建物は存在し，その賃料も8万円から15万円程度である。

176.　建物賃貸借契約の終了原因として解約申入れを主張する場合，民法617条1項2号によれば，期間の定めのない賃貸借契約であること，解約申入れの意思表示及び意思表示の到達日（到達主義，民97Ⅰ）から3月を経過したことが要件となる。
もっとも，建物賃貸借については原則として借地借家法の適用を受けるため，同法27条1項により，解約申入れから6月を経過しないと建物賃貸借は終了しない。
したがって，解約申入れの意思表示及びその後6か月の経過が要件事実となる。

177.　借地借家法28条によれば，「正当の事由」が認められなければ解約申入れをすることができないため，⑤「正当の事由」を基礎付ける評価根拠事実も要件事実となる。
なお，この「正当の事由」は，解約申入れの意思表示の時点のみならず，6月経過時点においても必要とされる。

178.　① 「期間の定めなく」建物賃貸借の合意
② ①に基づく引渡し
③ 解約申入れの意思表示
④ ③の後，3か月の経過
⑤ 賃貸借契約を短期に限って存続させる合意
⑥ 一時使用の評価根拠事実

□ ／
□ ／
□ ／

179. **B**　法定更新の抗弁の要件事実について説明しなさい。

□ ／
□ ／
□ ／

180. **B**　法定更新の抗弁に対する遅滞なき異議の再抗弁の要件事実について説明しなさい。

第6　建物明渡請求⑤ ～期間満了

【事例】

（Xの言い分）

私は，平成22年1月26日，本件建物をYに貸しました。引き渡したのは同月30日です。また，期間は翌2月1日から2年間，賃料は月8万円の約束でした。

契約から2年後の平成24年1月末日に更新手続を行いました。更新後も条件は同じで，賃料を月8万円，期間は同年2月1日から2年間としています。

私には唯一の肉親である妹Aがいます。Aは生来体が弱かったのですが，平成25年6月に子どもを産んでからはさらに病気がちになり，子どもの面倒を十分に見きれていない状態です。

私の自宅からだと妹のアパートまで車で5時間ほどかかってしまうのですが，本件建物からであれば，歩いて5分ほどで妹のアパートに行くことができるので，次回の更新は断り，私が本件建物に住んで子育てを手伝うことに決めました。

平成25年7月初頭にYに対し，次回の賃貸借契約は更新しない旨の内容証明郵便を送りました。この郵便は，7月5日にYのもとに配達されています。

ところが，Yは，平成26年2月に入ってからも，本件建物から出て行ってくれません。

そこで，Yには本件建物から出て行ってもらいたいと思います。

□ ／
□ ／
□ ／

181. **B**　上記事例における請求の趣旨について説明しなさい。

□ ／
□ ／
□ ／

182. **B**　上記事例における訴訟物について説明しなさい。

179.　建物の賃貸借期間（請求原因(4)の期間）経過後も使用継続。

180.　遅滞なく異議を述べたこと。

第6　建物明渡請求⑤　～期間満了

・X・Y　H22.1.26
　建物賃貸
・期間　H22.2.1から2年間
・妹A

181.　被告は，原告に対し，別紙物件目録記載の建物（本件建物）を明け渡せ。

182.　賃貸借契約終了に基づく目的物返還請求権としての建物明渡請求権　1個

□ ／
□ ／
□ ／

183. **B**　期間満了を理由とする賃貸借契約終了に基づく目的物返還請求の要件事実について説明しなさい。

□ ／
□ ／
□ ／

184. **B**　上記事例における記載例について説明しなさい。

□ ／
□ ／
□ ／

185. **B**　上記請求の要件事実のうち，賃貸借契約の存続期間の満了が必要なのはなぜかについて説明しなさい。

□ ／
□ ／
□ ／

186. **B**　上記請求の要件事実のうち，賃貸借契約の存続期間の満了の１年前から６か月前までの間に更新拒絶の通知が必要なのはなぜかについて説明しなさい。

□ ／
□ ／
□ ／

187. **B**　「正当の事由」（借28）はいつの時点で必要かについて説明しなさい。

183.　①　建物賃貸借契約の締結
②　①に基づく引渡し
③　賃貸借契約の存続期間の満了（一時使用目的でなければ１年以上）
④　③の期間満了の１年前から６か月前までの間に更新拒絶の通知
⑤　④の時点から③の時点まで更新拒絶に正当事由が存在したことの評価根拠事実

184.　⑴　原告は，被告に対し，平成22年１月26日，本件建物を，賃貸期間を同年２月１日から２年間，賃料月額８万円の約定で賃貸した。
⑵　原告は，被告に対し，同年１月30日，⑴の賃貸借契約に基づき，本件建物を引き渡した。
⑶　原告と被告とは，平成24年１月末日，⑴の賃貸借契約を，賃貸期間同年２月１日から２年間，賃料月額８万円の約定で更新することを合意した。
⑷　平成26年１月31日は経過した。
⑸　原告は，被告に対し，平成25年７月５日，⑶の賃貸借契約を更新しないとの通知をした。
⑹　更新拒絶について正当の事由があったことの評価根拠事実。
ア　原告の妹Ａは，原告の自宅から車で５時間かかるアパートに住んでいる。
イ　Ａは平成25年６月に出産してから，体調を崩しがちで，子どもの面倒をみることができていない。
ウ　原告は，Ａの唯一の肉親である。
エ　本件建物は，Ａの住んでいるアパートから徒歩５分程度のところにある。
⑺　よって，原告は被告に対し，⑴の賃貸借契約の終了に基づき，本件建物の明渡しを求める。

185.　終了原因として期間満了が主張される場合，賃貸借契約のような貸借型の契約については，目的物を一定期間相手方に利用させることを内容とするものなので，賃貸借契約の存続期間の満了の事実が主張される必要がある。

186.　建物賃貸借の場合には，一時使用目的でない限りは当然に借地借家法が適用されるところ，借地借家法26条１項によれば，期間の定めのある賃貸借においては，期間満了の１年前から６か月前までの間に相手方に対して更新をしない旨の通知等をしなかったときは，従前の条件で法定更新されたものとみなされる。
そのため，期間満了による賃貸借終了を主張するための要件事実として，賃貸借契約の期間満了の１年前から６か月前までの間に更新拒絶の通知をしたことが必要となる。

187.　借地借家法28条は更新拒絶の通知につき正当事由を要求するが，賃貸期間満了による契約更新の効果を否定する以上，期間満了時にも正当事由が必要である。
なお，立退料の申出については，口頭弁論終結時までにされたものをも考慮する（判例）。

□ ／
□ ／
□ ／

188. B　「正当の事由」（借28）の判断要素について説明しなさい。

□ ／
□ ／
□ ／

189. B　上記請求に対する抗弁として考えられるものについて説明しなさい。

□ ／
□ ／
□ ／

190. B　更新合意の抗弁が抗弁として位置付けられるのはなぜかについて説明しなさい。

□ ／
□ ／
□ ／

191. B　建物継続使用による法定更新（借26Ⅱ）の抗弁に対する再抗弁として考えられるものについて説明しなさい。

188.　①　賃貸人及び賃借人が建物の使用を必要とする事情
②　従前の経過（契約成立の事情，権利金の有無，信頼関係状況）
③　建物の利用状況
④　建物自体の状況（建替えの必要性等）
⑤　建物の存する地域の状況
⑥　立退料・代替建物の提供等の事情

189.　①　更新合意
②　建物継続使用による法定更新（借26Ⅱ）
③　「正当の事由」の評価障害事実

190.　更新拒絶の通知をしたとしても，それと別に更新の合意をすることはあり得るため，更新合意は請求原因事実と両立する事実の主張といえる。
そのため，更新の合意は更新拒絶の通知の否認ではなく，抗弁として位置付けられる。

191.　遅滞なき異議（借26Ⅱ）。

第7　建物収去土地明渡請求 ～民法上の期間満了

【事例】

（Xの言い分）

1．私は，飲食店を出店するための土地を探していたYに，平成23年4月1日，私所有の土地（本件土地）を，期間を3年間として，月15万円の約束で貸すことにし，契約書に調印しました（本件賃貸借契約）。同年9月中には建物（本件建物）が建築され，10月には内装工事も終わり，営業を開始したようです。

2．平成26年3月31日が過ぎたので，Yに本件土地を返すように申し伝えたのですが，Yは返還に応じようとしません。なんとかYに本件建物を撤去し，本件土地から出て行ってもらいたいです。

3．Yは借地借家法云々を言いますが，先に述べたとおり，契約の際，一時使用のための賃貸借契約であることは確認されていたはずです。実際，本件賃貸借契約書の表題には，「一時使用賃貸借契約書」と明記されていますし，第1条には「一時使用のために賃貸」すること，第2条にはYが本件土地を「一時使用」することがハッキリと書いてあります。しかも，第3条には，契約期間を3年とする旨の規定があります。ですので，本件賃貸借契約が一時使用のためになされたことは明らかです。それのみならず，今回の契約では私は敷金や権利金を受領していませんし，賃料も，相場の半額程度となっています。これは，3年程度で契約が終了してしまうからということで，Yの便宜を図ってあげたからです。通常の賃貸借であれば，このように賃借人に有利な条件にする必要はどこにもありません。

□ ＿/＿　□ ＿/＿　□ ＿/＿

192.　B　上記事例における請求の趣旨について説明しなさい。

□ ＿/＿　□ ＿/＿　□ ＿/＿

193.　B　上記事例における訴訟物について説明しなさい。

□ ＿/＿　□ ＿/＿　□ ＿/＿

194.　B　民法上の期間満了を理由とする賃貸借契約終了に基づく目的物返還請求の要件事実について説明しなさい。

第７　建物収去土地明渡請求 ～民法上の期間満了

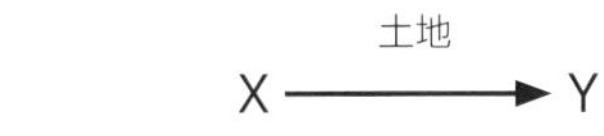

・X・Y H23.4.1
土地賃貸
・期間 ３年間
・土地上建物

192.　被告は，原告に対し，別紙物件目録記載２の建物を収去して同目録記載１の土地を明け渡せ。

193.　賃貸借契約終了に基づく目的物返還請求権としての建物収去土地明渡請求権　１個

194.　①　賃貸借契約の締結
②　①に基づく引渡し
③　存続期間の満了
④　②の引渡し後，③の契約終了までの間に，①の目的物である土地上に建物が附属させられ，③の契約終了時に，当該建物が当該土地に附属していたこと

2 紛争類型別の要件事実

□ ／
□ ／
□ ／
195. B　上記事例における記載例について説明しなさい。

□ ／
□ ／
□ ／
196. B　上記事例における訴訟物について建物収去と土地明渡しの関係について説明しなさい。

□ ／
□ ／
□ ／
197. B　上記請求の要件事実のうち，引渡し後，賃貸借契約終了までの間に，目的物である土地上に建物が附属させられ，契約終了時に，当該建物が当該土地に附属していたことが要件事実となるのはなぜかについて説明しなさい。

□ ／
□ ／
□ ／
198. B　上記請求に対する抗弁について説明しなさい。

□ ／
□ ／
□ ／
199. B　建物所有目的の抗弁の要件事実・記載例について説明しなさい。

□ ／
□ ／
□ ／
200. B　建物所有目的の抗弁が抗弁として位置付けられるのはなぜかについて説明しなさい。

□ ／
□ ／
□ ／
201. B　黙示の更新の抗弁の要件事実について説明しなさい。

195.　⑴　原告は，被告に対し，平成23年4月1日，別紙物件目録記載1の土地（本件土地）を，賃貸期間同日から平成26年3月31日まで，賃料1か月15万円との約定で賃貸した。
⑵　原告は，被告に対し，平成23年4月1日，⑴の賃貸借契約に基づき，本件土地を引き渡した。
⑶　平成26年3月31日は経過した。
⑷　⑵の後，⑶の時までに本件土地上に，別紙物件目録記載2の建物（本件建物）が建築され，⑶の時，本件土地上に，本件建物が存在した。
⑸　よって，原告は，被告に対し，⑴の賃貸借契約に基づき，本件建物を収去して本件土地を明け渡すことを求める。

196.　賃借人は契約終了により目的物を原状に修復した上で賃貸人に引き渡すという内容の目的物返還義務を負い，義務の中に建物収去義務と土地返還義務の両方が含まれる。
したがって，訴訟物は建物収去土地明渡請求権1個である。

197.　建物収去は原状回復義務の内容であるため，目的物の引渡し後に建物が土地に附属させられ，契約終了時にもその建物が存在していることが必要となる。
そのため，引渡し後，賃貸借契約終了までの間に，目的物である土地上に建物が附属させられ，契約終了時に，当該建物が当該土地に附属していたことが要件事実となる。

198.　①　建物所有目的（借2，3，9）
②　明示の更新合意（民604Ⅱ）
③　黙示の更新（民619Ⅰ）

199.　原告と被告は，本件賃貸借契約において，建物所有を目的とする旨合意した。

200.　建物所有目的の土地賃貸借の場合，借地借家法の適用を受け（借1），借地権の存続期間も伸長される（借3）ため，請求原因で主張される期間の満了のみではこの伸長された期間を経過していない場合には，請求原因に基づく賃貸借終了の法的効果が覆される。
そのため，建物所有目的の主張は，抗弁として位置付けられる。

201.　①　賃貸期間経過後の使用収益の継続
②　賃貸人が①を知ったこと
③　②から起算して相当期間が経過したこと
④　③の期間内に賃貸人が異議を述べなかったこと

□ ／
□ ／
□ ／

202. B　黙示の更新の抗弁のうち，相当期間が経過したことが要件事実となるのはなぜかについて説明しなさい。

□ ／
□ ／
□ ／

203. B　黙示の更新の抗弁のうち，期間内に賃貸人が異議を述べなかったことが要件事実となるのはなぜかについて説明しなさい。

□ ／
□ ／
□ ／

204. B　黙示の更新の抗弁に対する再抗弁として考えられるものについて，説明しなさい。

□ ／
□ ／
□ ／

205. B　一時使用目的の再抗弁の要件事実について説明しなさい。

□ ／
□ ／
□ ／

206. B　一時使用目的の再抗弁の上記事例における記載例について説明しなさい。

□ ／
□ ／
□ ／

207. B　一時使用目的の再抗弁が再抗弁として位置付けられるのはなぜかについて説明しなさい。

202.　異議を述べるためには，賃借人による使用収益の事実を知ってから異議を述べるまでの間に相当期間を要するため，相当期間が経過したことが要件事実となる。

203.　借地借家法は特に賃借人の保護を目的とするものであるのに対し，民法は賃借人保護に重きを置いていない以上は賃借人側に異議を述べなかったことの主張立証責任を課しても不当とはいえない。
　したがって，期間内に異議を述べなかったことも要件事実となる。

204.　①　一時使用目的（借25）（抗弁①に対して）
　②　借地借家法上の期間満了（抗弁①に対して）

205.　①　短期に限る旨の合意
　②　客観的合理的理由（一時使用の評価根拠事実）

206.　⑴　原告は，被告との間で，本件賃貸借契約において，その期間を３年間に限るとの合意をした。
　⑵　一時使用の評価根拠事実。
　　ア　本件賃貸借契約書の表題には，「一時使用賃貸借契約書」と明記され，第１条には「一時使用のために賃貸」すること，第２条には被告が本件土地を「一時使用」するとの規定がある。
　　イ　原告は，本件賃貸借契約の際，敷金や権利金を受領していない。
　　ウ　本件賃貸借契約の賃料は，相場の半額程度である。

207.　建物所有目的の土地賃貸借契約であったとしても，それが一時使用目的であるのであれば，借地借家法の存続期間や法定更新等の規定の適用を受けない（借25）。
　そのため，一時使用目的の主張が認められた場合，建物所有目的の抗弁による存続期間の伸長という法的効果が覆され，請求原因による賃貸借終了の法的効果が認められる。
　したがって，一時使用目的の主張は再抗弁として位置付けられる。

第８　敷金返還請求

【事例】

（Ｘの言い分）

１．私は，Ｙから，令和２年４月１日，Ｙ所有の甲建物を，賃料１月あたり15万円，期間は２年間との約束で，借りました。同日，甲建物の引渡しも受けています。その際，私は，Ｙとの間で，敷金として60万円を交付する旨合意し，実際に交付しました。

２．令和３年７月４日，私は，Ｙに対し，賃貸借契約を更新しない旨の通知を送付し，同通知は，同月５日，Ｙに到着しています。

３．その後，令和４年３月31日，甲建物をＹに明け渡しました。

４．しかし，Ｙは，敷金を返してくれません。なお，賃貸期間中の賃料の支払いを怠ったことはありません。

□ ＿／＿　□ ＿／＿　□ ＿／＿

208. B　上記事例における請求の趣旨について説明しなさい。

□ ＿／＿　□ ＿／＿　□ ＿／＿

209. B　上記事例における訴訟物について説明しなさい。

□ ＿／＿　□ ＿／＿　□ ＿／＿

210. B　敷金返還請求の要件事実について説明しなさい。

第８　敷金返還請求

・Y・X R2.4.1
　建物賃貸
・X・Y R2.4.1
　敷金交付
・X・Y R4.3.31
　建物明渡

208.　被告は，原告に対し，60万円を支払え。

209.　敷金契約に基づく敷金返還請求権　１個

210.　①　賃貸借契約の締結
　　②　①に基づく目的物の引渡し
　　③　敷金の合意と敷金の授受
　　④　賃貸借契約の終了原因
　　⑤　目的物の明渡し
　　⑥　賃料全額（及び終了時から明渡し時までの賃料相当額）の弁済

□ ／
□ ／
□ ／

211. **B** 上記事例における記載例について説明しなさい。

□ ／
□ ／
□ ／

212. **B** 敷金返還請求の要件事実のうち，賃貸借契約の締結が要件事実となるのはなぜかについて説明しなさい。

□ ／
□ ／
□ ／

213. **B** 敷金返還請求の要件事実のうち，賃貸借契約に基づく目的物の引渡しが要件事実となるのはなぜかについて説明しなさい。

□ ／
□ ／
□ ／

214. **B** 敷金返還請求の要件事実のうち，敷金の合意と敷金の授受が要件事実となるのはなぜかについて説明しなさい。

□ ／
□ ／
□ ／

215. **B** 敷金返還請求の要件事実のうち，賃貸借契約の終了原因が要件事実となるのはなぜかについて説明しなさい。

□ ／
□ ／
□ ／

216. **B** 敷金返還請求の要件事実のうち，目的物の明渡しが要件事実となるのはなぜかについて説明しなさい。

211.　⑴　被告は，原告に対し，令和2年4月1日，甲建物を賃料月額15万円，期間同日から2年間の約定で賃貸した。
⑵　被告は，同日，原告に対し，①の賃貸借契約に基づき，甲建物を引き渡した。
⑶　原告は，被告との間で，①の賃貸借契約に際し，敷金として60万円を交付する旨合意し，被告に対し，敷金として60万円を交付した。
⑷　令和4年3月31日は経過した。
⑸　被告は，原告に対し，令和3年7月5日，①の賃貸借契約を更新しないとの通知をした。
⑹　原告は，被告に対し，令和4年3月31日，甲建物を明け渡した。
⑺　原告は，被告に対し，令和2年4月から令和4年3月までの賃料をいずれも各月末日までに支払った。

212.　民法622条の2第1項によれば，賃貸借終了の場合の敷金返還請求権の実体法上の要件は，ⅰ賃貸借契約の締結，ⅱ敷金の交付，ⅲ賃貸借が終了したこと，ⅳ賃貸物の返還をしたこと，ⅴ敷金の額から賃貸借に基づき生じた賃借人の債務額を控除した残額があることである。
「賃貸人」「賃借人」との文言，敷金契約が賃貸借契約と別個ではあるが従たる契約であることから，賃貸借契約の締結が必要となる。

213.　民法622条の2第1項によれば，賃貸借終了の場合の敷金返還請求権の実体法上の要件は，ⅰ賃貸借契約の締結，ⅱ敷金の交付，ⅲ賃貸借が終了したこと，ⅳ賃貸物の返還をしたこと，ⅴ敷金の額から賃貸借に基づき生じた賃借人の債務額を控除した残額があることであるところ，「賃貸物の返還」（同項1号）の前提として，賃貸借契約に基づく目的物の引渡しが必要である。

214.　民法622条の2第1項によれば，賃貸借終了の場合の敷金返還請求権の実体法上の要件は，ⅰ賃貸借契約の締結，ⅱ敷金の交付，ⅲ賃貸借が終了したこと，ⅳ賃貸物の返還をしたこと，ⅴ敷金の額から賃貸借に基づき生じた賃借人の債務額を控除した残額があることであるところ，敷金返還請求権は，敷金契約に基づき発生するものであり，かつ，敷金契約は敷金の交付により成立する要物契約であるから，敷金の合意と敷金の授受が必要である。

215.　賃貸借終了の場合の敷金返還請求権の実体法上の要件は上記のとおりであるところ，「賃貸借が終了し」たことを示すため，賃貸借契約の終了原因が必要である。

216.　賃貸借終了の場合の敷金返還請求権の実体法上の要件は上記のとおりであるところ，賃貸人が「賃貸物の返還を受けた」ことを示すべく，目的物の明渡しが必要となる。

□ ／
□ ／
□ ／
217. B　敷金返還請求の要件事実のうち，賃料全額の弁済が要件事実となるのはなぜかについて説明しなさい。

第5章　請負

第1　報酬請求

【事例】

（Xの言い分）

1．私は，令和2年10月10日，Yから，Yの自宅建物（本件建物）のリフォーム工事を請け負いました。完成期限は令和3年8月末日とし，請負代金は700万円とするとの約束でした。私は，約束どおり期限までに本件建物のリフォーム工事を終え，これを8月末日に引き渡しました。

2．ところが，Yは，いっこうに報酬を支払おうとしません。報酬金を何とか回収したいです。

□ ／
□ ／
□ ／
218. A　上記事例における請求の趣旨について説明しなさい。

□ ／
□ ／
□ ／
219. A　上記事例における訴訟物について説明しなさい。

□ ／
□ ／
□ ／
220. A　報酬請求の要件事実について説明しなさい。

217.　賃貸借終了の場合の敷金返還請求権の実体法上の要件は上記のとおりであるところ，敷金は未払賃料を担保するものであり，賃貸借契約終了時に未払賃料があれば敷金の額から未払賃料額が控除される（民622の2Ⅰ柱書)。そして，賃貸借契約に基づく目的物の引渡しと賃貸借契約の終了原因の事実から目的物引渡し後一定期間の経過という事実が現れているから，賃料全額の弁済も必要である。

なお，目的物の明渡しの時期が賃貸借契約の終了時よりも後である場合，賃貸借契約終了後明渡しまでの間の賃料相当額の弁済も必要となる。

第5章　請負

第1　報酬請求

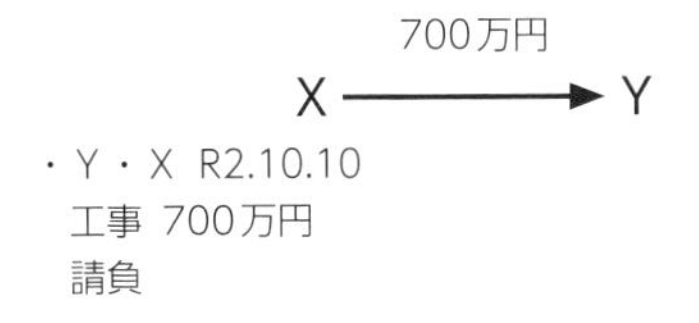

218.　被告は，原告に対し，700万円を支払え。

219.　請負契約に基づく報酬支払請求権　1個。

220.　①　請負契約の締結
②　仕事の完成（→争いある場合，最終工程の終了を主張）

□ ＿/＿
□ ＿/＿
□ ＿/＿

221. **A**　上記事例における記載例について説明しなさい。

□ ＿/＿
□ ＿/＿
□ ＿/＿

222. **A**　報酬請求の要件事実のうち，請負契約の締結が要件事実となるのはなぜかについて説明しなさい。

□ ＿/＿
□ ＿/＿
□ ＿/＿

223. **A**　報酬請求の要件事実のうち，仕事の完成が要件事実となるのはなぜかについて説明しなさい。

□ ＿/＿
□ ＿/＿
□ ＿/＿

224. **B**　前払特約に基づく報酬の支払を請求する場合の要件事実について説明しなさい。

□ ＿/＿
□ ＿/＿
□ ＿/＿

225. **B**　仕事の一部完成の場合の報酬請求の要件事実について説明しなさい。

221.　(1)　原告は，被告との間において，令和2年10月10日，本件建物のリフォーム工事を代金700万円で請け負った。
(2)　原告は，令和3年8月末日，(1)のリフォーム工事を完成させた。

222.　請負契約に基づく報酬支払請求権は，請負契約の法的効果として発生するものなので，請負契約の締結が要件事実となる。

223.　請負契約においては報酬と仕事の完成とが対価関係に立つのであるから，仕事が完成しなければ報酬を請求できない。民法633条本文も報酬は目的物の引渡しと同時に支払われなければならないとしており，引渡しの前提となる仕事の完成は報酬の支払の先履行となる。
したがって，仕事の完成が要件事実となる。
なお，仕事の完成とは一応の工程を終えたことを意味する。

224.　①　請負契約の締結
②　前払特約の合意
③　特約に該当する事実の発生（支払期限の到来等）

225.　①　請負契約の締結
②－ⅰ　仕事の一部の完成不能 or 仕事完成前における注文者による解除
－ⅱ　仕事の一部完成
－ⅲ　注文者が既に完成した部分に関し利益を有すること
－ⅳ　完成した部分の報酬額

第2　請負人の契約不適合責任

【事例】

(前掲96頁「**第1　報酬請求**」の**【事例】**を前提とするYの言い分)

1．本件建物については，引渡しを受けてすぐに気付いたのですが，3階の床に大きな傾きがありました。しかも，先日大雨が降った時に気付いたことですが，交換した2階窓の取り付けが杜撰だったため，窓から雨漏りが生じております。

2．このように，本件建物は追加工事をしないと居住に堪えないような状態なので，Xには早急に追加工事をしてもらいたいと考えています。追加工事をXが完成させるまでは，私も報酬を払いたくありません。

3．仮にXが追加工事をしてくれないのであれば，Xにお金を払ってもらい，そのお金で他の業者に追加工事を頼もうかと考えています。他の業者に見積もりだけ出してもらいましたが，補修工事には少なくとも200万円必要だそうです。補修工事に要する費用をXが支払ってくれるまでは，報酬は支払いたくありません。

4．Xには，仮に補修工事をしてくれないのであれば，700万円のうちの200万円は差引き計算するとの私の意思を，令和3年9月12日の電話で伝えました。

□ ＿/＿
□ ＿/＿
□ ＿/＿

226. B　請負人の報酬請求に対する抗弁について説明しなさい。

□ ＿/＿
□ ＿/＿
□ ＿/＿

227. B　追完請求との同時履行の抗弁の要件事実について説明しなさい。

□ ＿/＿
□ ＿/＿
□ ＿/＿

228. B　追完請求との同時履行の抗弁が抗弁となるのはなぜかについて説明しなさい。

□ ＿/＿
□ ＿/＿
□ ＿/＿

229. B　損害賠償請求権との同時履行の抗弁の要件事実について説明しなさい。

第2　請負人の契約不適合責任

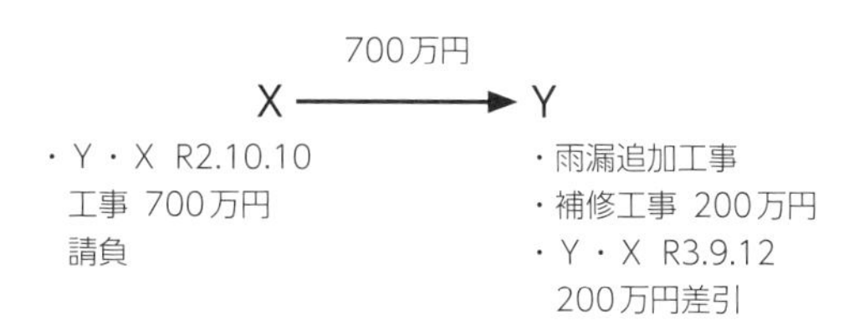

226.
① 追完請求との同時履行（民533）
② 損害賠償請求権との同時履行（民533かっこ書）
③ 相殺
④ 代金減額請求

227.
① 仕事の目的物の引渡し（引渡しを要しない場合は仕事の完成）
② 仕事が種類，品質又は数量に関して契約の内容に適合しないこと
③ 権利主張

228. 仕事が契約の内容に不適合である場合，注文者は，追完請求をなし得る（民559・民562 I）ところ，これは報酬の支払と同時履行関係に立つと解される（民533）。

そのため，追完請求権と報酬請求権との同時履行を主張して，報酬の支払を拒絶することができ，これにより請求原因に基づく報酬請求権の権利行使が阻止されることとなるから，抗弁として位置付けられる。

229.
① 仕事が種類，品質又は数量に関して契約の内容に適合しないこと
② 損害の発生及びその数額
③ 民法415条2項各号のいずれかに該当する事実
④ 修補請求を撤回して以後は修補に代わる損害賠償請求をする旨の意思表示
⑤ 権利主張

□ ／　□ ／　□ ／

230. B　損害賠償請求権との同時履行の抗弁が抗弁として位置付けられるのはなぜかについて説明しなさい。

□ ／　□ ／　□ ／

231. B　相殺の抗弁の要件事実について説明しなさい。

□ ／　□ ／　□ ／

232. B　代金減額請求の抗弁の要件事実について説明しなさい。

230.　注文者は，仕事の目的物が契約の内容に適合しない場合には，請負人に対し，債務不履行に基づく損害賠償請求をなし得る（民415Ⅰ）ところ，これは報酬の支払と同時履行の関係に立つ（民533かっこ書）。そのため，上記損害賠償請求権と報酬請求権との同時履行を主張して報酬の支払を拒絶することができ，これにより請求原因に基づく報酬請求権の権利行使が阻止されることになるから，抗弁として位置付けられる。

231.
① 仕事が種類，品質又は数量に関して契約の内容に適合しないこと
② 損害の発生及びその数額
③ 民法415条2項各号のいずれかに該当する事実
④ 修補請求を撤回して以後は修補に代わる損害賠償請求をする旨の意思表示
⑤ 相殺の意思表示

232.
① 仕事の目的物の引渡し（引渡しを要しない場合は仕事の完成）
② 仕事が種類，品質又は数量に関して契約の内容に適合しないこと
③ 履行の追完の催告
④ 催告後相当期間の経過
⑤ 代金減額の意思表示
⑥ 減額されるべき代金額

第6章　物権的請求権

第1　所有権に基づく不動産明渡請求①　～占有正権原の抗弁

【事例】

（Xの言い分）

1．私の父Aが平成29年8月9日に70歳で亡くなり，所有してきた甲土地と，甲土地の上に父が建てた乙建物を，私と，私の弟Bとで分け合うことになりました。

2．遺産分割協議の結果，甲土地と乙建物については，Bの意向もあって長男である私が単独で相続することとなったため，先日乙建物の様子を見に行ってきました。すると，全く知らない人が乙建物で飲食店を営んでいました。

3．私は生前父から「おれが死んだら乙建物はお前が引き継げ」と言われており，私が問い詰めてみると，その人はYという人物で，父Aを名乗る人物から半年ほど前に乙建物を借りて飲食店を営んでいるということのようです。

4．しかし，父が，乙建物を貸すはずがありません。

5．乙建物は私が所有しているのですから，Yには乙建物から出ていってもらいたいです。

（Yの言い分）

1．私は，飲食店を営むため物件を探すことにしました。

2．そこで，中学時代の同級生Cに物件探しを手伝ってもらいました。すると，Cは，すぐに乙建物を見つけ出して，その所有者であるAさんを紹介してもらいました。Aさんは，40歳中盤くらいの男性でして，乙建物を貸してくれることになりました。

3．そこで，私は，Aさんから，平成29年1月18日，賃料月額10万円，期間を2年間と定めて乙建物を借り，その日のうちに乙建物の引渡しを受けました。

4．私は，乙建物をAさんからきちんと借りていたのですから，出て行くいわれなどありません。そもそもAさんが亡くなったなんて知りませんし，Xという人が乙建物を所有しているとも思えません。

□ ／
□ ／
□ ／

233. A　上記事例における請求の趣旨について説明しなさい。

□ ／
□ ／
□ ／

234. A　上記事例における訴訟物について説明しなさい。

第６章　物権的請求権

第１　所有権に基づく不動産明渡請求①　～占有性権原の抗弁

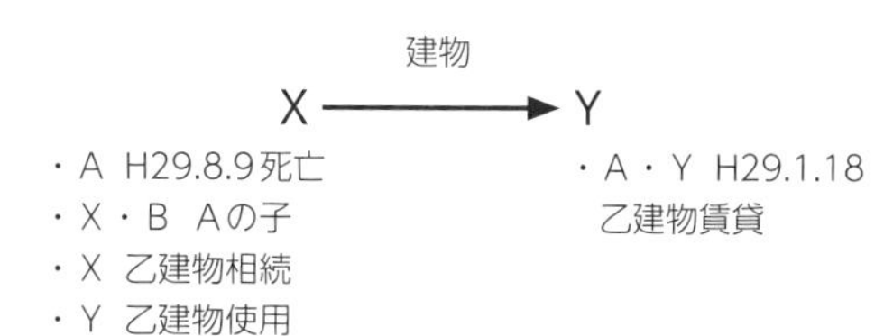

233.　被告は，原告に対し，別紙物件目録記載の建物を明け渡せ。

234.　所有権に基づく返還請求権としての建物明渡請求権　１個

□ ／
□ ／
□ ／

235. A　所有権に基づく返還請求の要件事実について説明しなさい。

□ ／
□ ／
□ ／

236. A　所有権取得原因として相続を主張する場合の要件事実について説明しなさい。

□ ／
□ ／
□ ／

237. A　上記事例における記載例について説明しなさい。

□ ／
□ ／
□ ／

238. A　所有権に基づく返還請求の要件事実のうち，原告所有が要件事実となるのはなぜかについて説明しなさい。

□ ／
□ ／
□ ／

239. A　所有権に基づく返還請求の要件事実のうち，被告占有が要件事実となるのはなぜかについて説明しなさい。

□ ／
□ ／
□ ／

240. A　所有権に基づく返還請求の要件事実のうち，対抗できることが要件事実とならないのはなぜかについて説明しなさい。

235.　①　原告所有
　　　②　被告占有

236.　①　被相続人の死亡
　　　②　相続人であることを基礎付ける事実

237.　(1)　Ａは，平成29年８月９日当時，乙建物を所有していた。
　　　(2)　Ａは，平成29年８月９日死亡した。
　　　(3)　原告は，Ａの子である。
　　　(4)　被告は，乙建物を占有している。
　　　(5)　よって，原告は，被告に対し，所有権に基づき，乙建物の引渡しを求める。

238.　所有権に基づく返還請求権を行使するためには，その物の所有者であることを要する。そのため，原告が現在その物の所有者であることが要件事実となる。
その際，相手方が現所有を争わない場合は，現所有について権利自白が成立するため，現所有について主張すれば足りる。
現所有について争いがある場合であっても，過去の一時点における所有について争いがない場合は，その時点における原告その他の者の「もと所有」につき権利自白が成立する。原告以外の者の「もと所有」につき権利自白が成立する場合，原告は，その時点からの所有権取得原因を主張すべきことになる。

239.　返還請求権は他人による占有により所有権が現に侵害されている場合になし得るものであるから，相手方が現在その物を占有していることが要件事実となる。
なお，被告占有につき争いのない場合であれば占有につき自白が成立したとして「当該不動産を占有している」との摘示で足りるが，争いのある場合には，直接占有であれば所持の具体的事実，間接占有であれば民法181条の成立要件が必要となる。

240.　絶対的・排他的効力を有する物権である所有権は，誰に対してもこれを主張することができるのが原則である。そのため，所有権を対抗できないのは，対抗問題（民177，178参照）を生じる例外的場面に限られ，例外的に所有権を対抗されないことを主張する者が現れた場合に初めて対抗要件の有無を問題とすれば足りる。
したがって，対抗要件を具備していることは請求原因とはならない。

□ ／
□ ／
□ ／

241. **A** 　所有権に基づく返還請求の要件事実のうち，占有権原の不存在が要件事実とならないのはなぜかについて説明しなさい。

□ ／
□ ／
□ ／

242. **A** 　所有権取得原因として相続を主張する場合の要件事実のうち，他に相続人がいないことが要件事実とならないのはなぜかについて説明しなさい。

□ ／
□ ／
□ ／

243. **A** 　占有正権原の抗弁（賃借権）の要件事実について説明しなさい。

□ ／
□ ／
□ ／

244. **A** 　占有正権原の抗弁（賃借権）の上記事例における記載例について説明しなさい。

□ ／
□ ／
□ ／

245. **A** 　占有正権原の抗弁のうち，賃貸借契約の締結に基づく引渡しが要件事実となるのはなぜかについて説明しなさい。

241.　所有権は，物の使用・収益・処分をなし得る権利であって，これに対する制限が加えられている場合には物権的請求権を行使できるのが原則であり，所有権を制限するような何らかの権原（賃借権，地上権等）が存在することは例外的場面に限られる。

したがって，被告において，例外となる占有権原の存在を抗弁として主張すべきであり，占有権原の不存在は請求原因とはならない。

242.　他に相続人がいないことは要件事実とならず，他に相続人がいることについて単独相続を争う相手方が主張立証すべきである（非のみ説）。

243.
①　賃貸借契約の締結
②　①に基づく引渡し

244.
⑴　Aは，被告に対し，平成29年1月18日，別紙物件目録記載の建物（乙建物）を，賃貸期間同日から2年間，賃料1か月10万円の約定で賃貸した。
⑵　Aは，被告に対し，同日，⑴の賃貸借契約に基づき，乙建物を引き渡した。

245.　占有と正当な権原とを結びつけるためには，正当な権原に基づいて引渡しがなされたことを要するため，基づく引渡しも要件事実となる。

第２　所有権に基づく不動産明渡請求②　～所有権喪失の抗弁

【事例】

（Xの言い分）

1．本件土地は，私の父Aが所有していたのですが，平成23年１月10日に父が亡くなったので，唯一の相続人である私が本件土地を相続しました。
2．ところが，平成29年８月26日に本件土地に行ってみると，本件建物が建てられていました。
3．本件建物からYという人が出てきました。本件土地が私の土地であることを説明してみましたが，Yは，「20年前にAから本件土地を買った」の一点張りで話にもなりませんでした。
4．本件土地は誰が何と言おうと私の土地です。早いところ本件建物を取り壊して明け渡してもらいたいです。

（Yの言い分）

1．登記名義はA名義のままにしていたのですが，本件土地は，平成７年５月３日に，私がAから1000万円で買ったものです。
2．仮に，Aから本件土地を買った事実が認められないとしても，私は遅くとも平成７年10月31日に本件建物が完成して以来，本件土地を占有し続けていますから，本件土地は私の所有物になっているはずです。
3．Xの請求は認められるべきではないと思います。

□ ＿/＿　□ ＿/＿　□ ＿/＿

246. A　上記事例における請求の趣旨について説明しなさい。

□ ＿/＿　□ ＿/＿　□ ＿/＿

247. A　上記事例における訴訟物について説明しなさい。

□ ＿/＿　□ ＿/＿　□ ＿/＿

248. A　上記事例における記載例について説明しなさい。

第２　所有権に基づく不動産明渡請求②　～所有権喪失の抗弁

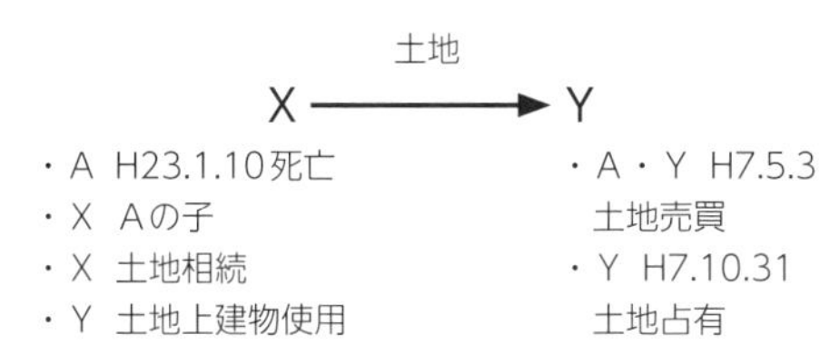

246.　被告は，原告に対し，別紙物件目録記載２の建物（本件建物）を収去して同目録記載１の土地（本件土地）を明け渡せ。

247.　所有権に基づく返還請求権としての土地明渡請求権　１個

248.　⑴　Aは，平成７年５月３日当時，本件土地を所有していた。
⑵　Aは，平成23年１月10日死亡した。
⑶　原告は，Aの子である。
⑷　被告は，同土地上に本件建物を所有して同土地を占有している。
⑸　よって，原告は，被告に対し，同土地の所有権に基づき，同建物を収去して同土地を明け渡すことを求める。

□ ／
□ ／
□ ／

249. A　上記記載例のうち，被告は，同土地上に本件建物を所有して同土地を占有しているとの記載が必要であるのはなぜかについて説明しなさい。

□ ／
□ ／
□ ／

250. A　所有権に基づく返還請求に対する抗弁について説明しなさい。

□ ／
□ ／
□ ／

251. A　所有権喪失（売買）の抗弁の記載例について説明しなさい。

□ ／
□ ／
□ ／

252. A　所有権喪失（売買）の抗弁が抗弁として位置付けられるのはなぜかについて説明しなさい。

□ ／
□ ／
□ ／

253. A　所有権喪失（時効取得）の抗弁の要件事実について説明しなさい。

□ ／
□ ／
□ ／

254. A　所有権喪失（時効取得）の抗弁の記載例について説明しなさい。

□ ／
□ ／
□ ／

255. A　所有権喪失（時効取得）の抗弁の要件事実のうち，占有の開始時と20年経過時の占有が要件事実となるのはなぜかについて説明しなさい。

□ ／
□ ／
□ ／

256. A　所有権喪失（時効取得）の抗弁の要件事実のうち，所有の意思，平穏・公然が要件事実とならないのはなぜかについて説明しなさい。

□ ／
□ ／
□ ／

257. A　所有権喪失（時効取得）の抗弁の要件事実のうち，他人の物が要件事実とならないのはなぜかについて説明しなさい。

249.　建物収去との主文を得るために，たとえ占有に争いがなくとも，土地上に建物を所有することで土地を占有していることを示す必要がある。

250.　①　所有権喪失（売買）
②　所有権喪失（時効取得）

251.　Aは，被告に対し，平成7年5月3日，本件土地を代金1000万円で売った。

252.　請求原因で主張されている過去の所有権取得原因事実の後に，他人に当該物を売った事実が認められると，売買契約の効果として所有権が相手方に移転し，所有権を喪失することになる。そのため，請求原因に基づく明渡請求が認められないことになるから，抗弁として位置付けられる。

253.　①　占有の開始時の占有
②　20年経過時の占有
③　時効の援用の意思表示

254.　(1)　被告は，平成7年10月31日当時，本件土地を占有していた。
(2)　被告は，平成27年10月31日経過時，本件土地を占有していた。
(3)　被告は，原告に対し，平成○年○月○日，第1回口頭弁論期日において，上記時効を援用するとの意思表示をした。

255.　民法162条1項によれば，長期取得時効が認められるためには，ⅰ所有の意思，ⅱ平穏・公然，ⅲ他人の物，ⅳ20年間の占有の各要件を満たす必要がある。
ⅳ20年間の占有の事実については，占有の始期と終期を特定すれば，その間係属して占有されたものと推定される（民186Ⅱ）から，①占有開始時の占有と②20年経過時の占有が要件事実となる。

256.　占有の事実により推定される（民186Ⅰ）ため，要件事実とならない。

257.　自己物の時効取得も認められる（判例）ため，要件事実とならない。

□ ／
□ ／
□ ／

258. B　所有権喪失（時効取得）の抗弁の要件事実のうち，時効の援用の意思表示が要件事実となるのはなぜかについて説明しなさい。

□ ／
□ ／
□ ／

259. B　所有権喪失（時効取得）の抗弁に対する再抗弁として，時効更新（承認）の再抗弁の記載例について説明しなさい。

□ ／
□ ／
□ ／

260. B　所有権喪失（時効取得）の抗弁に対する再抗弁として，他主占有権原・他主占有事情の抗弁の要件事実について説明しなさい。

□ ／
□ ／
□ ／

261. B　所有権喪失（時効取得）の抗弁に対する再抗弁として，他主占有権原・他主占有事情の再抗弁の記載例について説明しなさい。

□ ／
□ ／
□ ／

262. B　他主占有権原・他主占有事情の再抗弁が上記所有権喪失（時効取得）の抗弁に対する再抗弁として位置付けられるのはなぜかについて説明しなさい。

258.　不確定効果説のうち停止条件説によれば，時効の援用は実体法上の要件であることから，時効の援用の意思表示も必要となる。

259.　被告は，原告に対し，平成○年○月○日，原告の所有権を承認した。

260.　①　他主占有権原（その性質上所有の意思のないものとされる占有取得の権原）又は
②　他主占有事情（外形的客観的にみて占有者が他人の所有権を排斥して占有する意思を有していなかったと解される占有に関する事情を示す具体的事実）

261.　【他主占有権原】
(1)　Aは，被告に対し，平成7年5月3日，本件土地を，無償で，期間を同日から平成19年3月15日までとして，貸し渡した。
【他主占有事情】
(1)　被告は，平成7年5月3日からこれまで，A及び原告に対して移転登記を求めていない。
(2)　被告は，原告に対して土地の権利証の交付を要求していない。
(3)　被告は，原告に対し，平成○年○月○日，原告の所有権を承認した。

262.　民法186条1項により推定された所有の意思を前提とする時効取得の主張に対し，占有者の占有に所有の意思がないと認められれば，時効取得の要件である所有の意思（民162Ⅰ）を欠き，時効取得による所有権喪失の抗弁が認められないことになる。そのため，抗弁による効果を覆滅させ，請求原因に基づく明渡請求権が認められることになるから，再抗弁として位置付けられる。

【事例】

（Yの言い分②）

1．登記名義はA名義のままにしていますが，本件土地は，平成20年5月3日に，私がAから1000万円で買ったものです。

2．また，本件建物については，平成20年10月31日に完成して私名義で保存登記をしましたが，平成27年6月1日にZに既に500万円で売却しています。

□ ＿/＿
□ ＿/＿
□ ＿/＿

263. B　上記事例における記載例について説明しなさい。

□ ＿/＿
□ ＿/＿
□ ＿/＿

264. B　建物所有権喪失の抗弁の要件事実について説明しなさい。

□ ＿/＿
□ ＿/＿
□ ＿/＿

265. B　建物所有権喪失の抗弁の上記事例における記載例について説明しなさい。

□ ＿/＿
□ ＿/＿
□ ＿/＿

266. B　建物所有権喪失の抗弁に対する登記名義保有の再抗弁の要件事実について説明しなさい。

□ ＿/＿
□ ＿/＿
□ ＿/＿

267. B　登記名義保有の再抗弁の上記事例における記載例について説明しなさい。

□ ＿/＿
□ ＿/＿
□ ＿/＿

268. B　登記名義保有の再抗弁が再抗弁として位置付けられるのはなぜかについて説明しなさい。

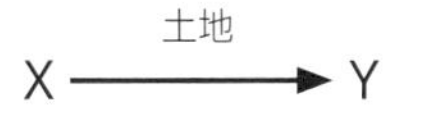

・A　H23.1.10死亡
・X　Aの子
・X　土地相続
・Y　土地上建物使用

・A・Y　H20.5.3
土地売買
・Y　H20.10.31
建物登記
・Y・Z　H27.6.1
建物売買

263. ⑴　Aは，平成20年5月3日当時，本件土地を所有していた。
⑵　Aは，平成23年1月10日，死亡した。
⑶　Xは，Aの子である。
⑷　同土地上に本件建物が存在する。
⑸　被告は，平成27年6月1日当時，同建物を所有していた。
⑹　よって，原告は，被告に対し，同土地の所有権に基づき，同建物を収去して同土地を明け渡すことを求める。

264. 建物所有権の移転原因事実。

265. 被告は，平成27年6月1日，Zに対し，本件建物を代金500万円で売った。

266. ①　相手方の当該建物もと所有当時，当該建物に相手方名義の登記が存在したこと
②　①が相手方の意思に基づく登記であること
③　当該建物に相手方名義の登記が存在していること

267. ⑴　本件建物には，請求原因⑸の当時，被告名義の所有権移転登記が存在した。
⑵　⑴の登記は，被告の意思に基づいてなされた。
⑶　本件建物に，被告名義の所有権移転登記が存在している。

268. 被告が建物の所有権を取得し，自らの意思に基づいてその旨の登記をした場合には，建物を他に譲渡したとしても，被告が引き続き登記名義を保有する限り，原告に対し，建物所有権の喪失を主張して建物収去土地明渡しの義務を免れることはできないからである。

第3　所有権に基づく不動産明渡請求③ ～対抗要件の抗弁

【事例】

（Xの言い分）

1．私は，平成26年4月4日，甲土地を所有者であるAから代金2000万円で買い受けました。

2．ところが，先日甲土地を見に行くと，Yという男が甲土地全体をトラックの駐車場として，常時占有している状態になっていました。Yには，直ちに甲土地を明け渡してもらいたいです。

（Yの言い分①）

1．私は，平成26年4月20日，甲土地を所有者であるAから代金2200万円で買い受けて，駐車場として利用し始めました。Xが，Aからその主張どおり買い受けたことは認めます。

2．しかし，私は，Xと対抗関係に立つ第三者の地位にあるので，Xが所有権移転登記をするまで所有者と認めるわけにはいきません。

（Yの言い分②）

1．私は，平成26年4月20日，甲土地を母Aから譲ってもらい，駐車場として利用し始めました。Xが，Aからその主張どおり買い受けたことは認めます。

2．しかし，私は，同年4月24日には，Aとともに登記手続も済ませています。甲土地の所有者はあくまでも私であり，Xではありません。たしかに，私はAの息子であり，AにXを紹介したのも私ですが，トラック運転手として今後生活していくために，どうしても甲土地が必要だったのです。トラブルの原因は，登記をしなかったXにあると思います。

□ ＿/＿
□ ＿/＿
□ ＿/＿

269. A　上記事例における請求の趣旨について説明しなさい。

□ ＿/＿
□ ＿/＿
□ ＿/＿

270. A　上記事例における訴訟物について説明しなさい。

□ ＿/＿
□ ＿/＿
□ ＿/＿

271. A　上記事例における記載例について説明しなさい。

第３　所有権に基づく不動産明渡請求③　～対抗要件の抗弁

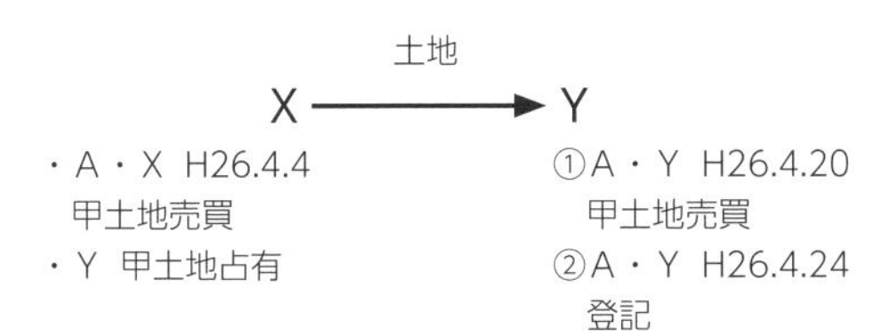

269. 被告は，原告に対し，甲土地（別紙物件目録記載の土地）を明け渡せ。

270. 所有権に基づく返還請求権としての土地明渡請求権　１個

271. ⑴　Aは，平成26年４月４日当時，甲土地を所有していた。
⑵　Aは，同日，原告に対し，同土地を代金2000万円で売った。
⑶　被告は，同土地を占有している。
⑷　よって，原告は，被告に対し，所有権に基づき，同土地の明渡しを求める。

□ ／
□ ／
□ ／
272. A　所有権に基づく返還請求に対する抗弁として考えられるものについて説明しなさい。

□ ／
□ ／
□ ／
273. A　対抗要件の抗弁の要件事実について説明しなさい。

□ ／
□ ／
□ ／
274. A　対抗要件の抗弁の上記事例における記載例について説明しなさい。

□ ／
□ ／
□ ／
275. A　対抗要件の抗弁の性質について説明しなさい。

□ ／
□ ／
□ ／
276. A　対抗要件具備による所有権喪失の抗弁の要件事実について説明しなさい。

□ ／
□ ／
□ ／
277. A　対抗要件具備による所有権喪失の抗弁の上記事例における記載例について説明しなさい。

□ ／
□ ／
□ ／
278. A　対抗要件具備による所有権喪失の抗弁が抗弁として位置付けられるのはなぜかについて説明しなさい。

□ ／
□ ／
□ ／
279. A　対抗要件具備による所有権喪失の抗弁のうち，所有権取得原因事実とそれに基づく対抗要件具備が要件事実となるのはなぜかについて説明しなさい。

□ ／
□ ／
□ ／
280. A　対抗要件具備による所有権喪失の抗弁に対する背信的悪意者の再抗弁の要件事実について説明しなさい。

272.　①　対抗要件の抗弁
　　　②　対抗要件具備による所有権喪失の抗弁

273.　①　対抗要件の欠缺を主張する正当な利益を有する第三者であること
　　　②　権利主張

274.　(1)　Aは，被告に対し，平成26年4月20日，甲土地を代金2200万円で売った。
　　　(2)　原告が対抗要件を具備するまで，原告の所有権取得を認めない。

275.　対抗要件を具備した者にこそ，その事実の主張立証責任を負わせるべきである。
　したがって，「第三者」該当性に加え，原告対抗要件具備まで物権変動を認めないとの権利主張が必要である（権利抗弁説）。

276.　①　Yの所有権取得原因事実
　　　②　①に基づく対抗要件具備

277.　(1)　Aは，被告に対し，平成26年4月20日，甲土地を贈与した。
　　　(2)　Aは，被告に対し，同月24日，上記贈与契約に基づき，甲土地につき所有権移転登記手続をした。

278.　二重譲渡事案において，被告が対抗要件を具備した場合には，被告が確定的に所有権を取得することにより原告は所有権を喪失し，請求原因に基づく明渡請求は認められないことになる。
　そのため，対抗要件具備による所有権喪失の主張は，抗弁として位置付けられる。

279.　原告と被告がもと所有を認める者による二重譲渡の事案においては，不完全物権変動説を前提にすると譲受人は登記を備えて初めて確定的な所有権を取得する。
　したがって，二重譲渡事例で所有権喪失の抗弁を主張する場合，①物権変動の原因事実と併せて，②これに基づく対抗要件の具備を主張する必要がある。

280.　①　悪意
　　　②　背信性の評価根拠事実

□ ___/___
□ ___/___
□ ___/___

281. A　背信的悪意者の再抗弁の上記事例における記載例について説明しなさい。

□ ___/___
□ ___/___
□ ___/___

282. A　背信的悪意者の再抗弁が再抗弁として位置付けられるのはなぜかについて説明しなさい。

□ ___/___
□ ___/___
□ ___/___

283. A　背信性の考慮要素について説明しなさい。

281.　⑴　被告は，抗弁⑴の贈与の際，請求原因⑵の売買を知っていた。
⑵　背信性の評価根拠事実。
ア　被告が，請求原因⑵の売買を仲介した。
イ　被告はAの息子であり，親子という立場を利用して甲土地を無償で譲り受けた。

282.　自由競争原理のもと，物権変動があったことにつき悪意の第三者も「第三者」（民177）に当たるが，単なる悪意に加え，登記の欠缺の主張が信義則に反するような場合には，当該第三者は背信的悪意者として，「第三者」から排除すべきである。
つまり，被告が背信的悪意者であるとの主張が認められれば，対抗要件具備による所有権喪失の抗弁の効果が覆され，請求原因に基づく明渡請求が認められることになるから，これは再抗弁として位置付けられる。

283.　①　譲渡人との間の近親関係の有無
②　第一譲受人の権利取得を承認する行動の有無
③　不動産登記法5条該当性
④　取得対価が無償又は著しく低廉
⑤　高額で買戻しさせる目的

第4　所有権に基づく動産引渡請求

【事例】

（Xの言い分）

1．私は，平成26年4月1日，パソコン1台を所有者であるAから代金40万円で買い受けました。

2．ところが，先日パソコンを受け取りに行ったところ，Yという男にすでに渡してしまったとのことでした。Yには，直ちにパソコンを返してもらいたいです。もし，パソコンを返していないのであれば，時価相当分の20万円を支払ってもらいたいです。

（Yの言い分①）

私は，平成26年10月10日，パソコンを所有者であるAから代金10万円で買い，持ち帰ったのです。パソコンの所有者はあくまでも私であり，Xではありません。

（Yの言い分②）

1．私は，平成26年9月20日，パソコンを所有者であるAから代金50万円で買いました。

2．そのため，Xがパソコンの所有者であるとは認めません。

（Yの言い分③）

私は，平成26年9月20日，パソコンをXから代金50万円で買いました。パソコンの所有者はあくまでも私であり，Xではありません。

（Yの言い分④）

1．Xは，平成26年9月20日，パソコンをBに代金50万円で売りました。

2．そのため，Xはパソコンの所有者ではありません。

（Yの言い分④に対するXの言い分）

1．たしかに，Bに売り，その場でパソコンを渡しました。

2．しかし，Bが代金を支払わないため，私は，同月23日に，代金を月末までに支払うよう連絡しました。

3．それでもなお支払がなかったため，私は，同年10月1日に，売買契約を解除する旨の連絡をしました。

（（Yの言い分④に対するXの言い分に対する）Yの言い分⑤）

私は，平成26年9月25日に，Bからパソコンを代金50万円で買い，持ち帰りました。

（（Yの言い分④に対するXの言い分に対する）Yの言い分⑥）

私は，平成26年10月5日に，Bからパソコンを代金50万円で買い，持ち帰りました。

第4　所有権に基づく動産引渡請求

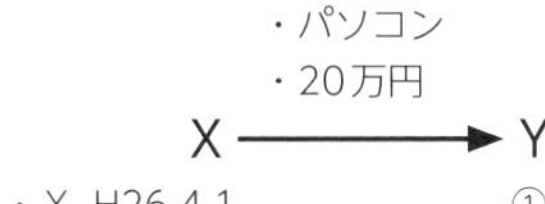

・A・X　H26.4.1
　パソコン売買
・Y　パソコン占有
・X・B　H26.9.23
　催告
・X・B　H26.10.1
　解除

①A・Y　H26.10.10
　パソコン売買
②A・Y　H26.9.20
　パソコン売買
③X・Y　H26.9.20
　パソコン売買
④X・B　H26.9.20
　パソコン売買

□ ／
□ ／
□ ／
284. A　上記事例における請求の趣旨について説明しなさい。

□ ／
□ ／
□ ／
285. A　上記事例における訴訟物について説明しなさい。

□ ／
□ ／
□ ／
286. A　所有権に基づく返還請求権としての動産引渡請求権の要件事実について説明しなさい。

□ ／
□ ／
□ ／
287. B　代償請求の要件事実について説明しなさい。

□ ／
□ ／
□ ／
288. A　上記事例における記載例について説明しなさい。

□ ／
□ ／
□ ／
289. A　即時取得による所有権喪失の抗弁の要件事実について説明しなさい。

□ ／
□ ／
□ ／
290. A　即時取得による所有権喪失の抗弁の上記事例における記載例について説明しなさい。

284.　1　被告は，原告に対し，別紙物件目録記載のパソコンを引き渡せ。
2　前項の強制執行の目的を達することができなかったときは，被告は，原告に対し，20万円を支払え。

285.　①　所有権に基づく返還請求権としての動産引渡請求権　1個
②　所有権侵害による不法行為に基づく損害賠償請求権（代償請求）　1個

286.　①　原告所有
②　被告占有

287.　①　本来給付の請求原因事実（→被侵害利益としての引渡請求権）
②　口頭弁論終結時における目的物の時価（損害の発生及びその数額）

288.　(1)　Aは，平成26年４月１日当時，別紙物件目録記載のパソコン１台を所有していた。
(2)　原告は，Aから，平成26年４月１日，上記パソコンを代金40万円で買った。
(3)　被告は，上記パソコンを占有している。
(4)　上記パソコンの時価は，20万円である。
(5)　よって，原告は，被告に対し，所有権に基づき，上記パソコンの引渡しを求めるとともに，上記パソコンの引渡しの強制執行が不能であるときは，不法行為に基づき，20万円の支払を求める。

289.　①　取引行為
②　①に基づく引渡し（→占有改定による即時取得は認められない）

290.　(1)　被告は，平成26年10月10日，Aから別紙物件目録記載のパソコンを代金10万円で買った。
(2)　被告は，同日，Aから，(1)の売買契約に基づき，上記パソコンの引渡しを受けた（→「引渡し」の態様に争いある場合は，「現実の引渡し」，「簡易の引渡し」等のどれに当たるか明記）。

□ ／
□ ／
□ ／

291. **A**　即時取得による所有権喪失の抗弁の要件事実のうち，平穏・公然，善意が要件事実とならないのはなぜかについて説明しなさい。

□ ／
□ ／
□ ／

292. **A**　即時取得による所有権喪失の抗弁の要件事実のうち，前主の占有が要件事実とならないのはなぜかについて説明しなさい。

□ ／
□ ／
□ ／

293. **A**　即時取得による所有権喪失の抗弁の要件事実のうち，無過失が要件事実とならないのはなぜかについて説明しなさい。

□ ／
□ ／
□ ／

294. **A**　対抗要件の抗弁の上記事例における記載例について説明しなさい。

□ ／
□ ／
□ ／

295. **A**　対抗要件具備による所有権喪失の抗弁の要件事実について説明しなさい。

□ ／
□ ／
□ ／

296. **A**　対抗要件具備による所有権喪失の抗弁に対する先立つ対抗要件具備の再抗弁の要件事実について説明しなさい。

291.　民法192条によれば，即時取得が認められるためには，ⅰ前主との取引行為，ⅱⅰに基づく動産の占有取得，ⅲⅱの占有取得が平穏・公然なものであること，ⅳ善意，ⅴ無過失が要件となる。また，即時取得は前主による動産の占有を信頼した取引相手を保護する制度なので，ⅵ前主の占有も実体法上の要件と解される。

ⅱ占有取得の要件が充足されると，民法186条１項によりⅲ平穏・公然，ⅳ善意が推定されるため，即時取得を主張する者がこれらを主張立証することは不要である。

292.　民法192条によれば，即時取得が認められるためには，ⅰ前主との取引行為，ⅱⅰに基づく動産の占有取得，ⅲⅱの占有取得が平穏・公然なものであること，ⅳ善意，ⅴ無過失が要件となる。また，即時取得は前主による動産の占有を信頼した取引相手を保護する制度なので，ⅵ前主の占有も実体法上の要件と解される。

ⅱ占有取得の事実の主張にはⅵ前主の占有も含まれると考えられ，これを改めて主張することは不要である。

293.　民法192条によれば，即時取得が認められるためには，ⅰ前主との取引行為，ⅱⅰに基づく動産の占有取得，ⅲⅱの占有取得が平穏・公然なものであること，ⅳ善意，ⅴ無過失が要件となる。また，即時取得は前主による動産の占有を信頼した取引相手を保護する制度なので，ⅵ前主の占有も実体法上の要件と解される。

民法188条によれば，占有者が占有物について行使する権利は適法なものと推定されるため，前主の適法な処分権限が推定される。したがって，譲受人には前主に所有権（処分権）があると信じるにつき無過失と推定され，即時取得を主張する者は無過失も主張立証することは不要となる。

294.　⑴　Aは，被告に対し，平成26年９月20日，本件パソコンを代金50万円で売った。
⑵　原告が対抗要件を具備するまで，原告の所有権取得を認めない。

295.　①　ＡＹ売買
②　①に基づく引渡し

296.　①　ＡＸ売買に基づく引渡し
②　①の引渡しが，Ｙへの引渡しに先立つこと

□ ／
□ ／
□ ／

297. A　対抗要件具備による所有権喪失の抗弁に対する先立つ対抗要件具備の再抗弁が再抗弁として位置付けられるのはなぜかについて説明しなさい。

□ ／
□ ／
□ ／

298. A　売買による所有権喪失の抗弁の上記事例における記載例について説明しなさい。

□ ／
□ ／
□ ／

299. A　売買による所有権喪失の抗弁に対する催告解除の再抗弁の上記事例における記載例について説明しなさい。

□ ／
□ ／
□ ／

300. A　催告解除の再抗弁との関係で，解除前の第三者における対抗要件説を前提とした予備的抗弁の上記事例における記載例について説明しなさい。

□ ／
□ ／
□ ／

301. A　催告解除の再抗弁との関係で，解除前の第三者における対抗要件説を前提とした予備的抗弁が予備的抗弁として位置付けられるのはなぜかについて説明しなさい。

□ ／
□ ／
□ ／

302. A　催告解除の再抗弁との関係で，解除前の第三者における権利保護要件説を前提とした再々抗弁の上記事例における記載例について説明しなさい。

□ ／
□ ／
□ ／

303. A　催告解除の再抗弁との関係で，解除前の第三者における権利保護要件説を前提とした再々抗弁が再々抗弁として位置付けられるのはなぜかについて説明しなさい。

297.　動産の二重譲渡事案の場合，先に「引渡し」（民178）を受けた者が確定的に所有権を取得する。そのため，原告が被告より先に引渡しを具備したとの主張が認められれば，対抗要件具備による所有権喪失の抗弁の効果が覆滅され，請求原因に基づく引渡請求が認められることになる。そして，引渡しには観念的なものもあるため，原被告両者が引渡しを受けていることもあり得るから，先立つ対抗要件具備の主張は抗弁事実と両立する。そのため，再抗弁として位置付けられる。

298.　Xは，平成26年９月20日，Bに対し，本件パソコンを代金50万円で売った。

299.　⑴　Xは，平成26年９月20日，Bに対し，本件売買契約に基づき，本件パソコンを引き渡した。
⑵　Xは，Bに対し，同月23日，売買代金50万円を同月30日までに支払うよう催告した。
⑶　同月30日は経過した。
⑷　Xは，平成26年10月１日，Bに対し，本件売買契約を解除する旨の意思表示をした。

300.　⑴　Bは，平成26年９月25日，Yに対し，本件パソコンを代金50万円で売った。
⑵　Bは，同日，Yに対し，⑴の売買契約に基づき，本件パソコンを引き渡した。

301.　対抗要件説に立つ場合，対抗要件の欠缺や対抗要件具備による所有権喪失の主張により，解除の効果を消滅させるわけではなく，Xが所有権を対抗できないor所有権を喪失したという意味で請求原因の効果を阻止又は障害させている。
　したがって，再々抗弁ではなく，再抗弁を前提とした予備的抗弁として位置付けられる。
　なお，対抗関係説に立つ場合，対抗要件の権利主張も可能である。

302.　⑴　Bは，平成26年９月25日，Yに対し，本件パソコンを代金50万円で売った。
⑵　Bは，同日，Yに対し，⑴の売買契約に基づき，本件パソコンを引き渡した。

303.　権利保護要件説によれば，解除の遡及効という法的効果の発生が障害され，売買による所有権喪失の効果が復活することになるから，再々抗弁となる。

□ ／　□ ／　□ ／

304. A　催告解除の再抗弁との関係で，解除後の上記事例における第三者における記載例について説明しなさい。

第７章　不動産登記手続請求

第１　所有権移転登記抹消登記手続請求

【事例】

（Ｘの言い分）

甲土地は，祖父の代から私が保有しているものなのですが，登記簿を確認すると，甲土地について，平成26年12月１日付の売買を原因とするＹ名義の所有権移転登記がなされていました。Ｙ名義の登記を除去して欲しいです。

□ ／　□ ／　□ ／

305. A　上記事例における請求の趣旨について説明しなさい。

□ ／　□ ／　□ ／

306. A　上記事例における訴訟物について説明しなさい。

□ ／　□ ／　□ ／

307. A　所有権に基づく妨害排除請求としての所有権移転登記抹消登記請求の要件事実について説明しなさい。

□ ／　□ ／　□ ／

308. A　上記事例における記載例について説明しなさい。

304.　⑴　Ｂは，平成26年10月５日，Ｙに対し，本件パソコンを代金50万円で売った。
⑵　Ｂは，同日，Ｙに対し，⑴の売買契約に基づき，本件パソコンを引き渡した。

第７章　不動産登記手続請求

第１　所有権移転登記抹消登記手続請求

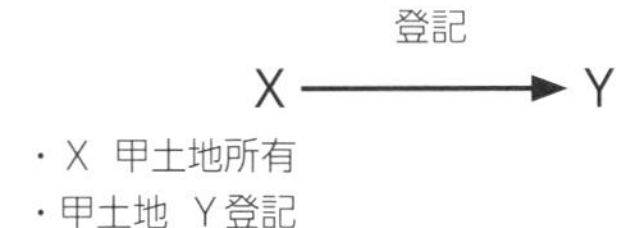

305.　被告は，甲土地について別紙登記目録記載の所有権移転登記の抹消登記手続をせよ。

306.　所有権に基づく妨害排除請求権としての所有権移転登記抹消登記請求権　１個

307.　①　原告所有
②　被告名義登記

308.　⑴　原告は，平成26年12月１日当時，別紙物件目録記載の土地を所有していた。
⑵　⑴の土地について，別紙登記目録記載の被告名義の所有権移転登記がある。
⑶　よって，原告は，被告に対し，所有権に基づき，上記登記の抹消登記手続をすることを求める。

第2　真正な登記名義の回復を原因とする抹消に代わる所有権移転登記手続請求

【事例】

（Xの言い分）

甲土地は，祖父の代から私が保有しているものなのですが，登記簿を確認すると，甲土地について，Y名義の所有権移転登記がなされていました。Y名義の登記を除去して欲しいです。

（Yの言い分）

私は，甲土地をAから，平成26年12月1日，4000万円で購入し，同日，所有権移転登記手続を済ませました。Xの要求に応じる必要はないと思っています。

□ ＿/＿
□ ＿/＿
□ ＿/＿

309. A　上記事例における請求の趣旨について説明しなさい。

□ ＿/＿
□ ＿/＿
□ ＿/＿

310. A　上記事例における訴訟物について説明しなさい。

□ ＿/＿
□ ＿/＿
□ ＿/＿

311. A　上記事例における請求の趣旨において，登記原因を明らかにする必要があるのはなぜかについて説明しなさい。

□ ＿/＿
□ ＿/＿
□ ＿/＿

312. A　真正な登記名義の回復を原因とする抹消に代わる所有権移転登記手続請求が認められているのはなぜかについて説明しなさい。

第２　真正な登記名義の回復を原因とする抹消に代わる所有権移転登記手続請求

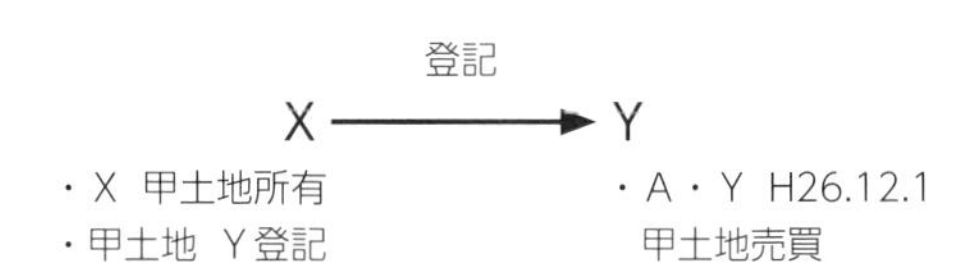

309.　被告は，原告に対し，別紙物件目録記載の土地について，真正な登記名義の回復を原因とする所有権移転登記手続をせよ。
　なお，移転登記手続を求める場合は，移転登記をすべき相手方を請求の趣旨に記載し，抹消登記手続を求める場合は，そのような相手方はいないので不要となる。

310.　所有権に基づく妨害排除請求権としての所有権移転登記抹消登記請求権　１個

311.　不動産の権利に関する登記をするには登記原因の記録が必要（不登59③）なので，登記を申請する際に登記原因を明らかにする必要がある（不登61）。
　なお，抹消登記請求の場合は登記原因の記載は不要である。

312.　Ｘの目的は，登記を自己の名義に戻すことであるが，抹消登記請求訴訟に勝訴しても，登記はＡの下に戻るのみであり，端的に自己への移転登記（中間省略登記）を求めることを認めるべきである。また，現在の状態が反映されていれば公示制度の目的は十分に達成できる。
　そこで，抹消に代わる所有権移転登記手続請求が認められている。

第3　取得時効を原因とする所有権移転登記手続請求

【事例】

（Xの言い分）

甲土地は，平成15年12月1日から平成28年12月1日現在まで私が保有しているものなのですが，登記簿を確認すると，甲土地について，Y名義の所有権移転登記がなされていました。

そこで，私は，平成29年2月1日にYに甲土地は私のものであると伝えました。

Y名義の登記を除去して欲しいです。

□ ／　□ ／　□ ／

313. A　上記事例における請求の趣旨について説明しなさい。

□ ／　□ ／　□ ／

314. A　上記事例における訴訟物について説明しなさい。

□ ／　□ ／　□ ／

315. A　短期取得時効の要件事実について説明しなさい。

□ ／　□ ／　□ ／

316. A　上記事例における記載例について説明しなさい。

□ ／　□ ／　□ ／

317. A　短期取得時効の要件事実のうち，善意であることが要件事実とならないのはなぜかについて説明しなさい。

第３　取得時効を原因とする所有権移転登記手続請求

・X 甲土地
H15.12.1 ～ H28.12.1
保有
・X・Y H29.2.1
伝
・甲土地 Y登記

313.　被告は，原告に対し，別紙物件目録記載の土地について，平成15年12月１日時効取得を原因とする所有権移転登記手続をせよ。
なお，時効取得の効果は，その起算日に遡る（民144）。そのため，時効取得が登記原因となる場合には，時効取得を登記原因として請求の趣旨に記載するとともに，その起算日をも記載する必要がある。

314.　所有権に基づく妨害排除請求権としての所有権移転登記抹消登記請求権　１個

315.
①　ある時点におけるＸ占有
②　①の時点から10年経過時におけるＸ占有
③　①の時点における無過失の評価根拠事実
④　援用の意思表示

316.
⑴　原告は，平成15年12月１日，甲土地を占有していた。
⑵　原告は，平成25年12月１日経過時，甲土地を占有していた。
⑶　無過失の評価根拠事実
（略）
⑷　原告は，被告に対し，平成29年２月１日，甲土地を時効取得した旨伝えた。
⑸　甲土地について，別紙登記目録記載の被告名義の所有権移転登記がある。

317.　短期取得時効の主張が認められるためには，民法162条２項により占有開始時の善意・無過失が要求されるところ，善意については占有の事実から推定される（民186Ⅰ）ため，要件事実とならない。

□ ／
□ ／
□ ／

318. A　短期取得時効の要件事実のうち，無過失の評価根拠事実が要件事実となるのはなぜかについて説明しなさい。

第4　抵当権設定登記抹消登記手続請求

【事例】

（Xの言い分）

1．私は，平成26年11月4日，Aさんから，同人所有の本件土地建物を3000万円で購入しました。
2．購入の際，本件土地建物にはY銀行の抵当権が付いていましたが，Aさんの話によれば，債務を完済したのにY銀行が抹消に応じてくれない状況であるとのことでした。
3．購入後，Y銀行と交渉を始めたのですが，「お金を返してもらっていないので抵当権は外せない。」の一点張りで，話合いになりませんでした。

（Yの言い分）

1．Y銀行は，平成23年3月13日，Aさんに対して1000万円を融資し，その1000万円を被担保債権として，本件土地建物に抵当権を設定し，登記も済ませましたが，Aさんは同債務を完済しておりません。
2．そもそも本件土地建物はAさんの所有だったはずです。

□ ／
□ ／
□ ／

319. A　上記事例における請求の趣旨について説明しなさい。

□ ／
□ ／
□ ／

320. A　上記事例における訴訟物について説明しなさい。

□ ／
□ ／
□ ／

321. A　所有権に基づく妨害排除請求としての抵当権設定登記抹消登記請求の要件事実について説明しなさい。

318.　短期取得時効の主張が認められるためには，民法162条２項により占有開始時の善意・無過失が要求されるところ，時効取得の場合には無過失は推定されず，短期取得時効を主張する者において，無過失の評価根拠事実を主張立証する必要がある。

第４　抵当権設定登記抹消登記手続請求

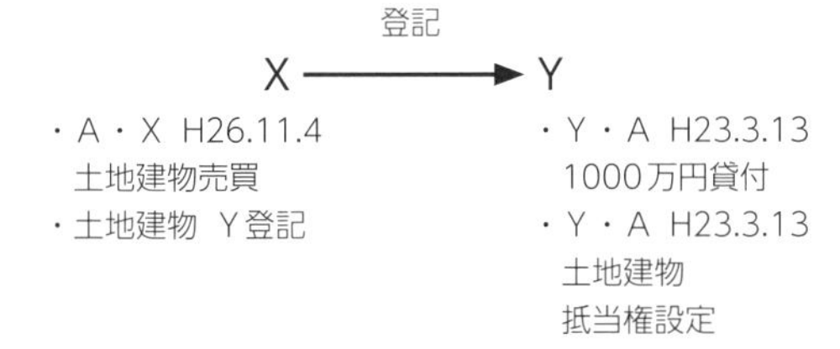

319.　被告は，別紙物件目録の土地及び建物について，別紙登記目録記載の抵当権設定登記の抹消登記手続をせよ。

320.　所有権に基づく妨害排除請求権としての抵当権設定登記抹消登記請求権　２個

321.　①　原告所有
②　被告名義登記

□ __/__ □ __/__ □ __/__ **322. A** 上記事例における記載例について説明しなさい。

□ __/__ □ __/__ □ __/__ **323. A** 登記保持権原の抗弁の要件事実について説明しなさい。

□ __/__ □ __/__ □ __/__ **324. A** 登記保持権原の抗弁の上記事例における記載例について説明しなさい。

□ __/__ □ __/__ □ __/__ **325. A** 登記保持権原の抗弁が抗弁として位置付けられるのはなぜかについて説明しなさい。

□ __/__ □ __/__ □ __/__ **326. A** 登記保持権原の抗弁の要件事実のうち，被担保債権の発生原因事実が要件事実となるのはなぜかについて説明しなさい。

□ __/__ □ __/__ □ __/__ **327. A** 登記保持権原の抗弁の要件事実のうち，抵当権の設定契約が要件事実となるのはなぜかについて説明しなさい。

322.　⑴　Ａは，平成23年３月13日当時，本件土地建物を所有していた。
⑵　原告は，Ａから，平成26年11月４日，本件土地建物を3000万円で購入した。
⑶　本件土地建物について，別紙登記目録記載の抵当権設定登記がある。
⑷　よって，原告は，被告に対し，本件土地建物の所有権に基づき，⑶の抵当権設定登記の抹消登記手続をすることを求める。

323.　①　被担保債権の発生原因事実
②　①の債権を担保するための当該不動産についての抵当権設定契約
③　②の当時，当該不動産を所有していたこと
④　当該登記が②の抵当権設定契約に基づくこと

324.　⑴　被告は，Ａに対し，平成23年３月13日，1000万円を，期限の定めなく貸し付けた。
⑵　被告は，Ａとの間において，同年同日，⑴の債務を担保するため，本件土地建物について，抵当権を設定する旨を合意した。
⑶　Ａは，平成23年３月13日当時，本件土地建物を所有していた。
⑷　別紙登記目録記載の抵当権設定登記は，⑵の合意に基づいてされた。
なお，⑶については，請求原因における「Ａもと所有」の時点（＝権利自白が成立する時点）を抵当権設定契約時とすることにより，請求原因において現れることになるから，そのような場合には記載不要となる。

325.　抵当権設定登記が正当な権原に基づくのであれば，抵当権設定登記抹消登記請求権の発生は障害されることになる。そして，このような登記保持権原の主張は請求原因と両立するから，抗弁として位置付けられる。

326.　抵当権設定登記を保持する権原が認められるための要件としては，当該登記が有効であることを要するところ，登記が実体的に有効といえるためには，その登記と合致する実体関係が必要となる。つまり，抵当権設定登記と合致する実体関係として，抵当権が存在することが必要となる。
そうすると，抵当権は被担保債権の存在が前提となる権利なので，被担保債権の発生原因事実が要件事実となる。

327.　抵当権設定登記を保持する権原が認められるための要件としては，当該登記が有効であることを要するところ，登記が実体的に有効といえるためには，その登記と合致する実体関係が必要となる。つまり，抵当権設定登記と合致する実体関係として，抵当権が存在することが必要となる。
そうすると，抵当権は約定担保物権であり，当事者の合意により成立するものであるから，抵当権の設定契約が要件事実となる。

□ ＿/＿
□ ＿/＿
□ ＿/＿

328. **A**　登記保持権原の抗弁の要件事実のうち，抵当権設定当時に当該不動産を所有していたことが要件事実となるのはなぜかについて説明しなさい。

□ ＿/＿
□ ＿/＿
□ ＿/＿

329. **A**　登記保持権原の抗弁の要件事実のうち，登記が抵当権設定契約に基づくことが要件事実となるのはなぜかについて説明しなさい。

328.　抵当権設定登記を保持する権原が認められるための要件としては，当該登記が有効であることを要するところ，登記が実体的に有効といえるためには，その登記と合致する実体関係が必要となる。
そうすると，抵当権設定当時に当該不動産を所有していたことが要件事実となる。

329.　登記が有効であるためには，その登記が手続的に適法にされたことを要するため，登記が抵当権設定契約に基づくことが要件事実となる。

第8章　譲受債権訴訟

第1　譲受債権請求①　～対抗関係

【事例】

（Xの言い分）

1．私はAとは旧知の仲です。平成24年10月1日，Yは，Aから，平成25年9月30日に返済する約束で，100万円の交付を受けて借り入れました。

2．ところが，Yは，返済期限が経過しても返済しませんでした。そのような中，私は，Aから，平成26年11月8日，Yに対する上記貸金債権を代金80万円で買い取ることとし，同日，Aに代金として80万円を支払い，その場で私はYに対し電話し，私がAから上記貸金債権を譲り受けたこと，100万円は私に対して支払うべきことを伝えました。

3．このような次第ですので，Yにはきちんと100万円を支払ってもらいたいと思います。

（Yの言い分）

1．Aは，Xが話している100万円の貸金債権を，平成26年12月10日，Bに代金65万円で譲渡しました。Aは同日，その旨を記載した内容証明郵便を私にも発送し，同郵便は，同月12日に私に届きました。

2．そもそも，Aから上記貸金債権を譲渡したとの知らせを受けていませんので，私がXに100万円を支払う理由はありません。

3．仮に，本当にAがXに対して上記貸金債権を譲渡していたのだとしても，Aからは，Bに譲渡したとの通知があったので，Xだけに支払うわけにはいきません。

4．しかも，Bへ債権譲渡した旨の通知は内容証明郵便でされているのですから，Xは，もはや上記貸金債権の債権者ではないと思います。

□ ／
□ ／
□ ／

330. A　上記事例における請求の趣旨について説明しなさい。

□ ／
□ ／
□ ／

331. A　上記事例における訴訟物について説明しなさい。

第８章　譲受債権訴訟

第１　譲受債権請求①　～対抗関係

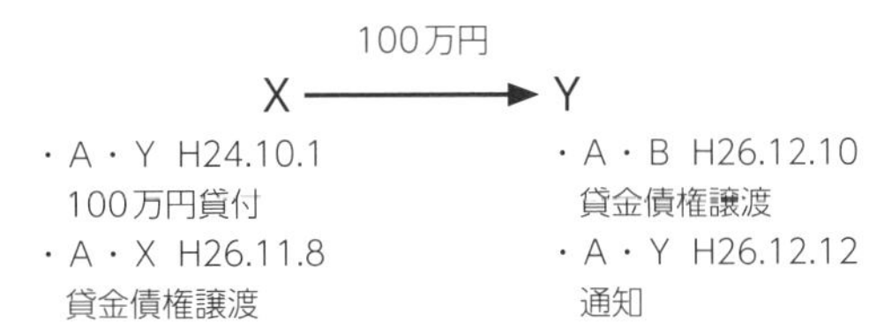

330.　被告は，原告に対し，100万円を支払え。

331.　A・Y間の消費貸借契約に基づく貸金返還請求権　１個

□ ＿/＿
□ ＿/＿
□ ＿/＿

332. **A**　債権譲渡の要件事実について説明しなさい。

□ ＿/＿
□ ＿/＿
□ ＿/＿

333. **A**　上記事例における記載例について説明しなさい。

□ ＿/＿
□ ＿/＿
□ ＿/＿

334. **A**　債権譲渡の要件事実のうち，譲受債権の発生原因事実が要件事実となるのはなぜかについて説明しなさい。

□ ＿/＿
□ ＿/＿
□ ＿/＿

335. **A**　債権譲渡の要件事実のうち，譲受債権の取得原因事実が要件事実となるのはなぜかについて説明しなさい。

□ ＿/＿
□ ＿/＿
□ ＿/＿

336. **A**　債権譲渡に対する抗弁として考えられるものについて説明しなさい。

□ ＿/＿
□ ＿/＿
□ ＿/＿

337. **A**　債務者対抗要件の抗弁の要件事実について説明しなさい。

□ ＿/＿
□ ＿/＿
□ ＿/＿

338. **A**　債務者対抗要件の抗弁の上記事例における記載例について説明しなさい。

□ ＿/＿
□ ＿/＿
□ ＿/＿

339. **A**　債務者対抗要件の抗弁が抗弁として位置付けられるのはなぜかについて説明しなさい。

332.　①　譲受債権の発生原因事実
②　譲受債権の取得原因事実

333.　⑴　Ａは，被告に対し，平成24年10月１日，弁済期を平成25年９月30日として，100万円を貸し付けた。
⑵　Ａは，原告に対し，平成26年11月８日，⑴の貸金債権を代金80万円で売った。
⑶　平成25年９月30日は到来した。
⑷　よって，原告は，被告に対し，Ａ・被告間の上記消費貸借契約に基づき，貸金100万円の支払を求める。

334.　譲受債権に関する請求の訴訟物は，譲渡前の債権者が債務者に対して有する債権なので，譲受債権の発生原因事実が要件事実となる。

335.　債権譲受人は，譲受債権を取得したために債権者としてその履行を求め得るのであるから，譲受債権の取得原因事実が要件事実となる。

336.　①　債務者対抗要件
②　第三者対抗要件
③　第三者対抗要件具備による債権喪失

337.　対抗要件を具備するまでは債権者と認めないとの権利主張。

338.　請求原因⑵の債権譲渡につき，被告は，Ａが被告に通知し，又は被告が承諾するまで，原告を債権者と認めない。

339.　債務者対抗要件（民467Ⅰ）を具備しない場合，債務者に対して債権譲渡を対抗することができず，請求原因に基づく請求が認められない（阻止される）ことになる。そのため，抗弁として位置付けられる。

□ ／
□ ／
□ ／

340. A　債務者対抗要件の抗弁の要件事実のうち，債務者対抗要件における対抗要件を具備するまでは債権者と認めないとの権利主張が要件事実となるのはなぜかについて説明しなさい。

□ ／
□ ／
□ ／

341. A　第三者対抗要件の抗弁の要件事実について説明しなさい。

□ ／
□ ／
□ ／

342. A　第三者対抗要件の抗弁の上記事例における記載例について説明しなさい。

□ ／
□ ／
□ ／

343. A　第三者対抗要件の抗弁が抗弁として位置付けられるのはなぜかについて説明しなさい。

□ ／
□ ／
□ ／

344. A　第三者対抗要件の抗弁の要件事実のうち，債権譲渡人から第三者への当該債権の移転原因事実が要件事実となるのはなぜかについて説明しなさい。

□ ／
□ ／
□ ／

345. A　第三者対抗要件の抗弁の要件事実のうち，譲渡人から当該第三者への債権譲渡につき，それ以後譲渡人が被告に対して譲渡の通知をしたこと，又は被告が原告若しくは譲渡人に承諾をしたことが要件事実となるのはなぜかについて説明しなさい。

□ ／
□ ／
□ ／

346. A　第三者対抗要件の抗弁の要件事実のうち，第三者対抗要件が具備されるまで原告を債権者と認めないとの権利主張が要件事実となるのはなぜかについて説明しなさい。

340.　物権変動の場合と同様に，対抗要件の欠缺について債務者に主張立証責任を負わせるべきではなく，債務者が対抗要件の主張を問題とする権利主張をしたときに初めてその有無を問題とすべきである。
したがって，対抗要件を具備するまでは債権者と認めないとの権利主張が要件事実となる。

341.　①　債権譲渡人から第三者への当該債権の移転原因事実
②　譲渡人から当該第三者への債権譲渡につき，それ以後譲渡人が被告に対して譲渡の通知をしたこと，又は被告が原告若しくは譲渡人に承諾をしたこと
③　第三者対抗要件が具備されるまで原告を債権者と認めないとの権利主張

342.　⑴　Ａは，平成26年12月10日，Ｂに対し，請求原因⑴の消費貸借契約に基づく貸金債権を代金65万円で売った。
⑵　Ａは，同月12日，被告に対し，⑴の債権譲渡を通知した。
⑶　請求原因⑵の債権譲渡につき，被告は，Ａが確定日付のある証書によって被告に通知し又は被告が確定日付のある証書によって承諾するまで，原告を債権者と認めない。

343.　債権の二重譲渡がなされた場合，いずれの債権譲渡についても単なる通知又は承諾がなされたにとどまり，第三者対抗要件（民467Ⅱ）が備えられていない場合には，各譲受人は互いに優先することができない。その結果，債務者は，いずれの譲受人に対しても履行を拒むことができると解される。
そのため，第三者対抗要件が具備されるまでの履行拒絶が認められると，請求原因に基づく請求が認められないことになるため，抗弁として位置付けられる。

344.　第三者対抗要件の抗弁が認められるためには，当該債権について原告と対抗関係に立つ第三者が現れたことが必要となる。
したがって，債権譲渡人から第三者への当該債権の移転原因事実が要件事実となる。

345.　債権を二重に譲り受けた第三者が債務者対抗要件を具備していなければ，債務者は当該第三者を債権者として扱う必要がないから，当該第三者が債務者対抗要件を具備して初めて譲受人相互の優先関係が問題となる。
したがって，譲渡人から当該第三者への債権譲渡につき，それ以後譲渡人が被告に対して譲渡の通知をしたこと，又は被告が原告若しくは譲渡人に承諾をしたことが要件事実となる。

346.　第三者対抗要件の抗弁も権利抗弁である。
したがって，第三者対抗要件が具備されるまで原告を債権者と認めないとの権利主張が要件事実となる。

□ ＿/＿ □ ＿/＿ □ ＿/＿

347. A　第三者対抗要件具備による債権喪失の抗弁の要件事実について説明しなさい。

□ ＿/＿ □ ＿/＿ □ ＿/＿

348. A　第三者対抗要件具備による債権喪失の抗弁の上記事例における記載例について説明しなさい。

□ ＿/＿ □ ＿/＿ □ ＿/＿

349. A　第三者対抗要件具備による債権喪失の抗弁が抗弁として位置付けられるのはなぜかについて説明しなさい。

□ ＿/＿ □ ＿/＿ □ ＿/＿

350. A　債務者対抗要件に対する再抗弁として考えられるものについて説明しなさい。

□ ＿/＿ □ ＿/＿ □ ＿/＿

351. A　第三者対抗要件に対する再抗弁として考えられるものについて説明しなさい。

□ ＿/＿ □ ＿/＿ □ ＿/＿

352. A　第三者対抗要件具備による債権喪失に対する再抗弁として考えられるものについて説明しなさい。

□ ＿/＿ □ ＿/＿ □ ＿/＿

353. A　（第三者対抗要件具備による債権喪失に対する再抗弁としての）第三者対抗要件具備の再抗弁の要件事実について説明しなさい。

□ ＿/＿ □ ＿/＿ □ ＿/＿

354. A　（第三者対抗要件具備による債権喪失に対する再抗弁としての）第三者対抗要件具備の再抗弁の要件事実のうち，原告の第三者対抗要件具備が要件事実となるのはなぜかについて説明しなさい。

□ ＿/＿ □ ＿/＿ □ ＿/＿

355. A　（第三者対抗要件具備による債権喪失に対する再抗弁としての）第三者対抗要件具備の再抗弁に対する再々抗弁として考えられるものについて説明しなさい。

347.　①　債権譲渡人から第三者への当該債権の移転原因事実
②　当該第三者への債権譲渡につき，確定日付のある証書による通知又は承諾がされたこと

348.　(1)　Ａは，平成26年12月10日，Ｂに対し，請求原因(1)の消費貸借契約に基づく貸金債権を代金65万円で売った。
(2)　Ａは，同月12日，被告に対し，内容証明郵便により(1)の債権譲渡を通知した。

349.　物権変動の場合と同様，原告以外の債権譲受人が第三者対抗要件を具備した場合には，原告は債権を喪失し，請求原因に基づく請求が認められないことになる。そのため，第三者対抗要件が具備されたことが抗弁として位置付けられる。

350.　債務者対抗要件具備。

351.　第三者対抗要件具備。

352.　第三者対抗要件具備。

353.　原告の第三者対抗要件具備（ＡからＸへの債権譲渡につき，確定日付のある証書による通知又は承諾がされたこと）。

354.　債権の二重譲渡の場合，第三者対抗要件を備えてさえいれば，同時到達の場合のように第三者対抗要件の具備が他の第三者に優先するものでなくとも，債務者は全額を支払う必要がある。
　したがって，原告の第三者対抗要件具備が要件事実となる。

355.　先立つ第三者対抗要件具備。

□ ＿/＿
□ ＿/＿
□ ＿/＿

356. B　（第三者対抗要件具備による債権喪失に対する再抗弁としての）先立つ第三者対抗要件の再々抗弁の要件事実について説明しなさい。

□ ＿/＿
□ ＿/＿
□ ＿/＿

357. B　（第三者対抗要件具備による債権喪失に対する再抗弁としての）先立つ第三者対抗要件の再々抗弁が再々抗弁として位置付けられるのはなぜかについて説明しなさい。

356.　Ｂの第三者対抗要件具備が，Ｘの第三者対抗要件具備に先立つこと。

357.　原告による第三者対抗要件具備の再抗弁に対し，同一債権の譲受人たる第三者の具備した第三者対抗要件の方が先立つという主張が認められれば，係る再抗弁の法的効果が覆滅され，当該第三者が第三者対抗要件を具備して確定的に当該債権を取得して原告は当該債権を喪失するから，債権喪失の抗弁に基づく法的効果が復活する。

そのため，先立つ第三者対抗要件具備の主張は再々抗弁として位置付けられる。

第２　譲受債権請求②　～譲渡制限特約

【事例】

（Xの言い分）

1．Aは，令和３年３月１日，Yに対して，引渡期日を同年３月15日，代金の支払期日を同年５月末日と定めて，本件絵画を300万円で売却し，Aは，約定どおり，３月15日に本件絵画をYに引き渡したそうです。

2．Aは，本件絵画を売った後，同年３月25日，本件絵画の売買代金債権を250万円で私に譲渡しました。

3．私が，同年４月12日上記の経緯をYにメールで伝えたところ，Yはそのメールに対する返信の中で，「Xが，Aから本件絵画に関する300万円の売買代金債権を譲り受けたことは承知しました。５月末日には，間違いなくお支払いいたします。」と伝えてきました。

4．ところが，Yは，５月末日をすぎても300万円を支払ってくれません。そこで，Yに本件絵画の売買代金を支払って欲しいと思います。

（Yの言い分①）

確かに，私はAから本件絵画をXの言うとおりの条件で購入しました。代金の支払を後払と決めたのもそのとおりです。しかし，その際の契約書には，本件絵画の売買代金債権を他者に譲渡しない旨の約定が記載されていました。Xも，債権を譲り受ける際にその契約書を見て，その文言を知ったはずですから，Xに支払う道理はありません。

（Yの言い分②）

確かに，私はAから本件絵画をXの言うとおりの条件で購入しました。代金の支払を後払と決めたのもそのとおりです。しかし，Aが，「少しでいいので先に払って欲しい。」としつこく言うので，当初合意した支払期日に先んじて，令和３年３月９日，本件絵画の売買代金の一部として100万円を支払いました。

□ ／　□ ／　□ ／

358. A　上記事例における請求の趣旨について説明しなさい。

□ ／　□ ／　□ ／

359. A　上記事例における訴訟物について説明しなさい。

第2　譲受債権請求②　～譲渡制限特約

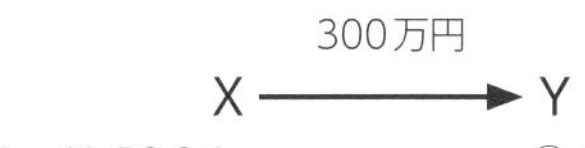

・A・Y　R3.3.1
絵画300万円売買
・A・X　R3.3.25
売買代金債権譲渡

①A・Y　譲渡しない約定
②Y・A　R3.3.9
100万円支払

358.　被告は，原告に対し，300万円を支払え。

359.　A・Y間の売買契約に基づく代金支払請求権　1個

□ ＿/＿ □ ＿/＿ □ ＿/＿ **360. A** 上記事例における記載例について説明しなさい。

□ ＿/＿ □ ＿/＿ □ ＿/＿ **361. B** 譲渡制限特約の抗弁の要件事実について説明しなさい。

□ ＿/＿ □ ＿/＿ □ ＿/＿ **362. B** 譲渡制限特約の上記事例における記載例について説明しなさい。

□ ＿/＿ □ ＿/＿ □ ＿/＿ **363. B** 譲渡制限特約の抗弁が抗弁として位置付けられるのはなぜかについて説明しなさい。

□ ＿/＿ □ ＿/＿ □ ＿/＿ **364. B** 譲渡制限特約の抗弁のうち，譲渡制限特約の合意及び譲受人が譲渡制限特約につき悪意又は知らなかったことにつき重大な過失があったことを基礎付ける評価根拠事実が要件事実となるのはなぜかについて説明しなさい。

□ ＿/＿ □ ＿/＿ □ ＿/＿ **365. B** 譲渡制限特約の抗弁のうち，履行を拒絶する旨の権利主張が要件事実となるのはなぜかについて説明しなさい。

□ ＿/＿ □ ＿/＿ □ ＿/＿ **366. B** 譲渡人について生じた事由（一部弁済）の抗弁の上記事例における記載例について説明しなさい。

360.　⑴　Ａは，令和３年３月１日，被告に対し，本件絵画を代金300万円で売った。
⑵　Ａは，同年３月25日，原告に対し，⑴の売買代金債権を，代金250万円で売った。

361.　①　譲渡制限特約の合意
【悪意】
②　譲受人が債権を譲り受けた際，①を知っていたこと
【重過失】
②　譲受人が債権を譲り受けた際，①を知らなかったことにつき重大な過失があったことを基礎付ける評価根拠事実
③　権利主張

362.　【悪意】
⑴　被告は，Ａとの間で，請求原因⑴の売買契約の際，その代金債権の譲渡を禁止するとの合意をした。
⑵　原告は，請求原因⑵の売買契約の際，上記譲渡禁止の合意を知っていた。
⑶　被告は，原告に対し，本件代金債務の履行を拒絶する。

363.　債権は自由に譲渡できるのが原則（民466Ⅰ）であり，それに反する合意（民466Ⅱ）は，債権譲渡の効力に影響を及ぼさない。もっとも，債務者は，譲渡制限特約につき悪意又は重大な過失のある譲受人に対しては，譲渡制限特約を主張して債務の履行を拒むことができる（民466Ⅲ）。譲渡制限特約付きの債権である場合で，譲受人の悪意又は重過失があるときには，債権譲受人が譲受債権を行使することはできないため，譲渡制限特約の存在は抗弁として位置付けられ得る。

364.　民法466条３項・２項によれば，譲渡制限特約の合意をしていたこと及び譲受人が譲渡制限特約につき悪意又は重大な過失があったことを基礎付ける評価根拠事実が要件事実となる。

365.　「債務の履行を拒むことができ」（民466Ⅱ）ると規定しており，履行を拒絶するかどうかは債務者の意思にゆだねられているから，履行を拒絶する旨の権利主張が要件事実となる。

366.　被告は，令和３年３月９日，Ａに対し，本件絵画の代金として100万円を支払った。

2　紛争類型別の要件事実

□ ／
□ ／
□ ／

367. B　民法466条4項に基づく催告の抗弁の要件事実について説明しなさい。

□ ／
□ ／
□ ／

368. B　民法466条4項に基づく催告の再抗弁が再抗弁として位置付けられるのはなぜかについて説明しなさい。

□ ／
□ ／
□ ／

369. B　民法466条4項に基づく催告の要件事実のうち，債務者が相当の期間の期限内に債務を履行しないことが要件事実とならないのはなぜかについて説明しなさい。

□ ／
□ ／
□ ／

370. B　民法466条4項に基づく催告の抗弁の要件事実のうち，譲渡人による催告に先立つ履行の提供が要件事実となるのはなぜかについて説明しなさい。

□ ／
□ ／
□ ／

371. B　譲渡制限特約の抗弁に対する承諾の再抗弁の要件事実について説明しなさい。

□ ／
□ ／
□ ／

372. B　承諾の再抗弁が再抗弁として位置付けられるのはなぜかについて説明しなさい。

367.　①　譲渡人による催告に先立つ履行の提供（売買契約の場合）
②　譲受人が，債務者に対し，譲渡人に対して債務を履行するよう催告をしたこと
③　①の後相当期間の経過

368.　譲渡制限特約に基づく履行拒絶の抗弁が認められたとしても，債務者が譲渡人に対しても履行をしない場合において，譲受人が債務者に対して譲渡人に債務を履行するよう催告したときには，一定期間の経過により，債務者は履行拒絶権を喪失する。そのため，抗弁の効果を消滅させて請求原因から生じる法的効果を復活させるから，再抗弁として位置付けられる。

369.　民法466条４項によれば，実体法上の要件は，ⅰ債務者が債務を履行しないこと，ⅱ譲受人が債務者に対し相当の期間を定めて譲渡人への履行の催告をしたこと，ⅲその期間内に履行がないことであるところ，債務者が債務を履行したことは，債務者が主張立証すべき事由であるから，履行がないこと（ⅰ及びⅲ）は要件事実とならない。

370.　「債務者が債務を履行しない」（民466Ⅳ）といえるためには，当該債務につき履行遅滞に陥っていることが必要と解され，債務者の不履行が違法でなければならない。そのため，債務の発生原因が売買契約のような双務契約の場合には，同時履行の抗弁権の存在効果を消滅させるべく，譲渡人による催告に先立つ履行の提供が要件事実となる。

371.　債務者が，譲渡人又は譲受人に対し，債権譲渡を承諾する意思表示をしたこと。

372.　債権譲渡についての債務者の承諾があれば，譲渡制限特約の抗弁の効果が覆滅され，請求原因に基づく請求が認められるから，再抗弁に位置付けられる。

第9章　意思表示・代理

第1　虚偽表示

【事例】

（Xの言い分）

1．私は，甲土地の所有者です。

2．そんな甲土地ですが，現在はYに不法占拠されている状態です。Yは，Aから甲土地を買ったと言っているようですが，Aについては心当たりがあります。Aは，「友達に自慢したいので，俺に金をたくさん借りて，それをお前が返せずにやむなく甲土地を取り上げたことにしてくれないか。」と頼んできました。そこで，「仕方ないな。形だけだぞ。」ということで借用書及び代物弁済合意書を作成して，Aに渡しただけのことです。

（Yの言い分）

1．私は，平成26年3月10日，Aから甲土地を8000万円で買いました。通常の相場価格からすれば安い価格ですが，Aも切羽詰まった様子だったので，弱気な値段設定にしたのだろうな，という程度の認識でした。

2．私は，念のため，買取りの前に，Aに対して本件土地の取得経緯を尋ねたところ，Aは，「俺が貸した金が返せないXから，金を返す代わりに受け取ったものだ。証拠もある。」として，平成25年2月15日付の，支払期限を平成25年9月15日とする7000万円の借用書と，平成26年1月10日付の代物弁済合意書を見せてきました。特に不審な点もなかったので，安心して甲土地を購入した次第です。

□ ＿/＿　**373.** **A**　上記事例における請求の趣旨について説明しなさい。
□ ＿/＿
□ ＿/＿

□ ＿/＿　**374.** **A**　上記事例における訴訟物について説明しなさい。
□ ＿/＿
□ ＿/＿

□ ＿/＿　**375.** **A**　上記事例における記載例について説明しなさい。
□ ＿/＿
□ ＿/＿

第９章　意思表示・代理

第１　虚偽表示

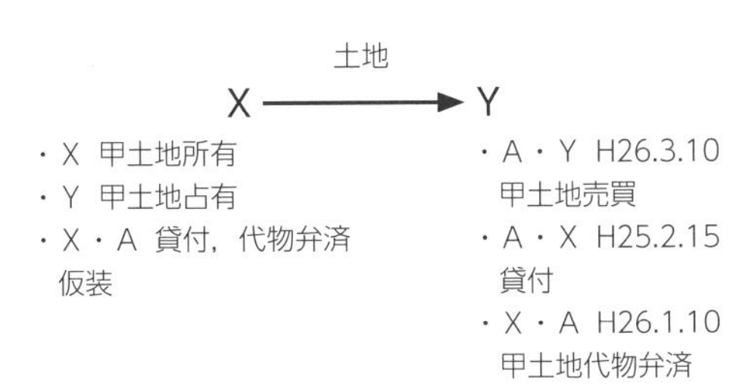

373.　被告は，原告に対し，別紙物権目録記載の土地を明け渡せ。

374.　所有権に基づく返還請求権としての土地明渡請求権　１個

375.　⑴　原告は，平成26年１月10日当時，別紙物件目録記載の土地を所有していた。
⑵　被告は，同土地を占有している。
⑶　よって，原告は，被告に対し，所有権に基づき，同土地の明渡しを求める。

□ ／
□ ／
□ ／

376. **A**　所有権喪失（代物弁済）の抗弁の要件事実について説明しなさい。

□ ／
□ ／
□ ／

377. **A**　所有権喪失（代物弁済）の抗弁の上記事例における記載例について説明しなさい。

□ ／
□ ／
□ ／

378. **A**　通謀虚偽表示（民94Ⅰ）の再抗弁の要件事実について説明しなさい。

□ ／
□ ／
□ ／

379. **A**　通謀虚偽表示（民94Ⅰ）の再抗弁の上記事例における記載例について説明しなさい。

□ ／
□ ／
□ ／

380. **A**　通謀虚偽表示（民94Ⅰ）の再抗弁が再抗弁として位置付けられるのはなぜかについて説明しなさい。

□ ／
□ ／
□ ／

381. **A**　通謀虚偽表示（民94Ⅰ）の再抗弁の要件事実のうち，表示と効果意思の不一致及び相手方との間に通謀があることが要件事実となるのはなぜかについて説明しなさい。

□ ／
□ ／
□ ／

382. **A**　善意の第三者（民94Ⅱ）の予備的抗弁の要件事実について説明しなさい。

□ ／
□ ／
□ ／

383. **A**　善意の第三者（民94Ⅱ）の予備的抗弁の上記事例における記載例について説明しなさい。

376.　①　消滅する債権の発生原因事実
②　①の債権の弁済に代えて代物弁済の合意を締結したこと

377.　⑴　Aは，原告に対し，平成25年2月15日，弁済期を同年9月15日と定めて，7000万円を貸し付けた。
⑵　原告は，Aとの間で，平成26年1月10日，⑴の貸金債権7000万円の弁済に代えて，甲土地の所有権を移転するとの合意をした（本件代物弁済合意）。

378.　①　表示と効果意思の不一致
②　①につき相手方との間に通謀があること

379.　原告とAは，本件代物弁済合意の際，いずれも代物弁済の合意をする意思がないのに，その意思があるもののように仮装することを合意した。

380.　所有権喪失原因として主張された法律行為が通謀虚偽表示に当たるものであれば，当該法律行為は無効となり（民94Ⅰ），所有権喪失の効果も生じないことになる。そのため，所有権喪失の抗弁の効果が覆滅され，請求原因に基づく請求が認められることになるから，再抗弁として位置付けられる。

381.　民法94条1項によれば，通謀虚偽表示の主張が認められるためには，①虚偽の意思表示及び②それが相手方と通じてなされたこと（通謀）が必要となる。
したがって，表示と効果意思の不一致及び相手方との間に通謀があることが要件事実となる。

382.　①　第三者性を根拠付ける事実
②　虚偽表示について善意であること

383.　⑴　Aは，被告に対し，平成26年3月10日，甲土地を代金8000万円で売った。
⑵　被告は，⑴の売買契約の際，再抗弁の事実（原告とAは，本件代物弁済合意の際，いずれも代物弁済の合意をする意思がないのに，その意思があるもののように仮装することを合意した。）を知らなかった。

□ ／
□ ／
□ ／

384. A　善意の第三者（民94 Ⅱ）の予備的抗弁が予備的抗弁として位置付けられるのはなぜかについて説明しなさい。

第2　詐欺・錯誤

【事例】

（Xの言い分）

1．私は，平成26年7月2日，Yに対してAという有名な画家が描いた絵画（本件絵画）を300万円で売却しました。代金の支払は10月末日と決めたのですが，期日が過ぎてもYは300万円を支払いません。Yには本件絵画の代金を払ってもらいたいです。

（Yの言い分）

1．私がXから本件絵画を購入したのは間違いありません。Xは本件売買の当時，本件絵画は間違いなくAが描いたものであり，それが300万円という破格の値段設定であると述べており，だからこそ私は本件絵画の購入に踏み切ったのです。

2．しかし，鑑定に出したところ，本件絵画は全くの偽物であり，5000円程度の価値しかないことが判明しました。騙されたことに気付いた私は，平成26年12月31日に，その足でXの自宅へ行き「本件絵画はAが描いたものではないという鑑定結果が出た。お前には騙されたわけだから，この間の売買契約は取り消す。」と告げました。

□ ／
□ ／
□ ／

385. A　上記事例における請求の趣旨について説明しなさい。

□ ／
□ ／
□ ／

386. A　上記事例における訴訟物について説明しなさい。

384.　民法94条２項は，原権利者からの法定の承継取得を定めた規定である（法定承継取得説）。

したがって，第三者の主張が抗弁を復活させるわけではないため，予備的抗弁となる。

なお，善意の第三者登場により，仮装譲渡が有効となり，原所有者→通謀の相手方→第三者と権利移転（順次取得説）→第三者の主張によりＡＸ間代物弁済合意による所有権喪失が復活（再々抗弁）。

第２　詐欺・錯誤

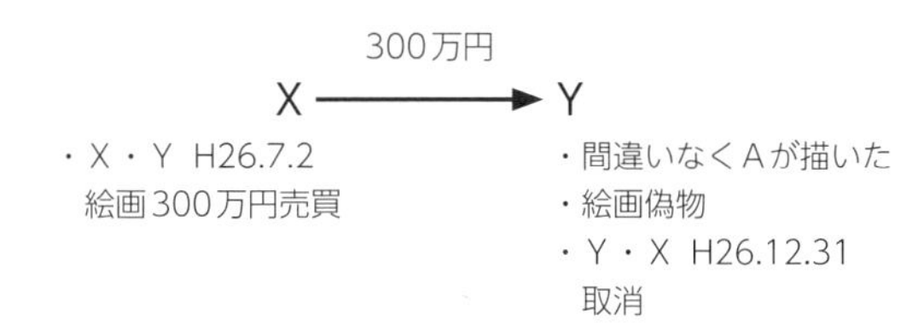

385.　被告は，原告に対し，300万円を支払え。

386.　売買契約に基づく代金支払請求権　１個

□ ＿/＿
□ ＿/＿
□ ＿/＿
387. A　上記事例における記載例について説明しなさい。

□ ＿/＿
□ ＿/＿
□ ＿/＿
388. B　詐欺取消し（民96Ⅰ）の抗弁の要件事実について説明しなさい。

□ ＿/＿
□ ＿/＿
□ ＿/＿
389. B　詐欺取消し（民96Ⅰ）の抗弁の上記事例における記載例について説明しなさい。

□ ＿/＿
□ ＿/＿
□ ＿/＿
390. B　詐欺取消し（民96Ⅰ）の抗弁が抗弁として位置付けられるのはなぜかについて説明しなさい。

□ ＿/＿
□ ＿/＿
□ ＿/＿
391. B　詐欺取消し（民96Ⅰ）の抗弁のうち，法律行為（意思表示）が詐欺によるものであることが要件事実となるのはなぜかについて説明しなさい。

□ ＿/＿
□ ＿/＿
□ ＿/＿
392. B　詐欺取消し（民96Ⅰ）の抗弁のうち，取消しの意思表示が要件事実となるのはなぜかについて説明しなさい。

□ ＿/＿
□ ＿/＿
□ ＿/＿
393. B　錯誤取消し（民95Ⅰ）の抗弁の要件事実について説明しなさい。

387.　原告は，被告に対し，平成26年7月2日，本件絵画を代金300万円で売った。

388.　①　法律行為（意思表示）が詐欺によるものであること
②　取消しの意思表示

389.　⑴　原告は，被告に対し，請求原因⑴（問387の解答文）の売買契約に際し，本件絵画が真実は5000円の価値しかない偽物であるにもかかわらず，Aの真作で300万円の価値を有すると告げて被告を欺き，そのように信じさせた上，上記売買契約を締結させた。
⑵　被告は，原告に対し，平成26年12月31日，上記売買契約を取り消すとの意思表示をした。

390.　契約に基づく請求に対して，当該契約について詐欺取消し（民96Ⅰ）の主張が認められると，当該契約は遡及的に無効となる（民121）。そのため，請求原因に基づく請求は認められない（障害される）こととなるから，抗弁として位置付けられる。

391.　民法96条1項によれば，法律行為（意思表示）が詐欺によるものであることが要件事実となる。

392.　取消しは意思表示によりなされる（民123）ため，取消しの意思表示が要件事実となる。

393.　①　意思表示が民法95条1項1号又は2号に掲げる錯誤に基づくこと
①-1　2号の錯誤の場合，その事情が法律行為の基礎とされていることが表示されていたこと
②　①の錯誤が法律行為の目的及び取引上の社会通念に照らして重要なものであること
③　取消しの意思表示

□ ／
□ ／
□ ／

394. B　錯誤取消し（民95Ⅰ）の抗弁の上記事例における記載例について説明しなさい。

□ ／
□ ／
□ ／

395. B　錯誤取消し（民95Ⅰ）の抗弁に対する重過失の再抗弁の要件事実について説明しなさい。

□ ／
□ ／
□ ／

396. B　重過失に対する再々抗弁として考えられるものについて説明しなさい。

394. ⑴　被告は，請求原因⑴（問387の解答文）の売買契約当時，本件絵画が真実は5000円の価値しかない偽物であるにもかかわらず，300万円の価値があるAの真作であると信じていた。
⑵　原告は，請求原因⑴の売買契約に際し，被告に対し，本件絵画が300万円の価値があるAの真作である旨を述べた。
⑶　被告は，原告に対し，平成26年12月31日，請求原因⑴の売買契約を取り消す旨の意思表示をした。

395. 表意者の重過失を基礎付ける評価根拠事実。

396. ①　表意者の重過失の評価障害事実
②　相手方の悪意
③　相手方の重過失の評価根拠事実
④　相手方が表意者と同一の錯誤に陥っていたこと

第３　有権代理

【事例】

（Xの言い分①）

１．Aは，平成25年12月31日に，私のところに借金の申込みに来ました。貸付けの前提として，Aの資産状態を聞いたところ，とても回収が見込める状態ではありませんでした。

２．Aにその旨伝えたところ，Aは，「私の代わりに私の兄が借主になってくれると言っているので，それで何とかならないか。」と言って，Yの実印と印鑑登録証を私に示しました。私は，その日のうちに，期限を平成26年５月末日までという条件で，200万円を貸す旨の契約書を作りました。なお，Aが，「Yから手続は任されている。」というので，契約書の署名欄には，Aが「Y」と記載し，Yの印鑑を押印しました。

３．平成26年５月末日はすぎましたが，Yは借金を返そうとしません。元本だけはきっちり取り立てようと思います。

（Xの言い分②）

４．念のため，平成26年１月10日にAに教えてもらったYの携帯に電話をかけたところ，Yが電話に出ました。最初の方こそ「覚えがない。Aが勝手に私の名前を使ったのではないか。」とはぐらかしていましたが，私が「契約書もきっちり作ってある。」と伝えると，観念したようで，「妹の不始末だが，借りたことは間違いないので私が支払う。」と言いました。

（Yの言い分）

妹がX氏から金を借りたという話は知っていますが，妹が私に無断で私の名前を使用したに過ぎません。

□ ＿／＿
□ ＿／＿
□ ＿／＿

397. A　上記事例における請求の趣旨について説明しなさい。

□ ＿／＿
□ ＿／＿
□ ＿／＿

398. A　上記事例における訴訟物について説明しなさい。

□ ＿／＿
□ ＿／＿
□ ＿／＿

399. A　代理権授与の有権代理の要件事実について説明しなさい。

第３　有権代理

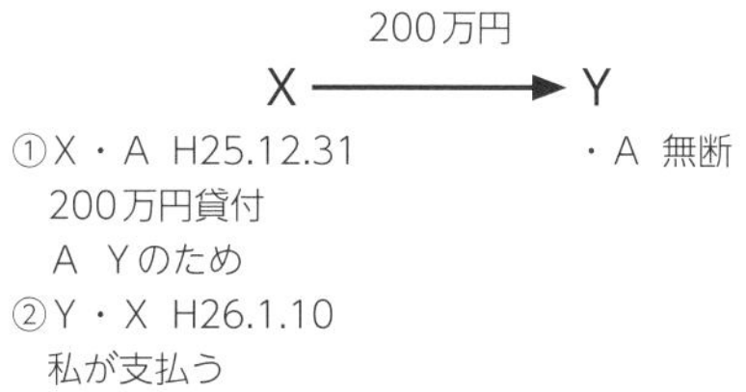

397.　被告は，原告に対し，200万円を支払え。

398.　消費貸借契約に基づく貸金返還請求権　１個

399.　①　代理人と相手方との間の法律行為
②　①の際，代理人が本人のためにすることを示したこと
③　①に先立ち，本人が代理人に①についての代理権を授与したこと

□ ＿/＿
□ ＿/＿
□ ＿/＿

400. A　Xの言い分①を前提とする上記事例における記載例について説明しなさい。

□ ＿/＿
□ ＿/＿
□ ＿/＿

401. A　代理権授与の有権代理の要件事実のうち，①代理人と相手方との間の法律行為，②①の際，代理人が本人のためにすることを示したこと，③①に先立ち，本人が代理人に①についての代理権を授与したことが要件事実となるのはなぜかについて説明しなさい。

□ ＿/＿
□ ＿/＿
□ ＿/＿

402. B　追認の要件事実について説明しなさい。

□ ＿/＿
□ ＿/＿
□ ＿/＿

403. B　Xの言い分②を前提とする上記事例における記載例について説明しなさい。

□ ＿/＿
□ ＿/＿
□ ＿/＿

404. B　追認の要件事実のうち，本人が相手方に対し，法律行為を追認したことが要件事実となるのはなぜかについて説明しなさい。

□ ＿/＿
□ ＿/＿
□ ＿/＿

405. B　代理権授与による有権代理と追認の関係について説明しなさい。

400. ⑴　原告は，Aに対し，平成25年12月31日，200万円を次の約定で貸し付けた。
弁済期　平成26年5月末日
⑵　Aは，⑴の契約の際，被告のためにすることを示した。
⑶　被告は，⑴の契約に先立ち，Aに対し，⑴の契約締結についての代理権を授与した。
⑷　平成26年5月末日は到来した。
⑸　よって，原告は，被告に対し，上記消費貸借契約に基づき，200万円の支払を求める。

401. 民法99条1項・2項によれば，代理による意思表示の法的効果が本人に帰属するには，①代理人と相手方との間の法律行為，②①の際，代理人が本人のためにすることを示したこと，③①に先立ち，本人が代理人に①についての代理権を授与したことが必要となる。

402. ①　代理人と相手方との間の法律行為
②　①の際，代理人が本人のためにすることを示したこと
③　本人が相手方に対し，①の法律行為を追認したこと

403. ⑴　原告は，Aに対し，平成25年12月31日，200万円を次の約定で貸し付けた。
弁済期　平成26年5月末日
⑵　Aは，⑴の契約の際，被告のためにすることを示した。
⑶　被告は，平成26年1月10日，原告に対し，「妹の不始末だが，借りたことは間違いないので私が支払う。」と述べて⑴の契約を追認した。
⑷　平成26年5月末日は到来した。
⑸　よって，原告は，被告に対し，上記消費貸借契約に基づき，200万円の支払を求める。

404. 代理権の授与がなくとも，本人が代理行為を追認した場合には本人に効果が帰属する（民113Ⅰ）ため，本人が相手方に対し，法律行為を追認したことが要件事実となる。

405. 追認の主張は，代理権の不存在を要件としていない（有権代理とは等価値）ため，代理権授与による有権代理と追認の主張とは，選択的主張の関係に立ち，代理権授与が認められない場合の予備的主張とはならない。

第4　表見代理

□ ／
□ ／
□ ／

406. B　代理権授与の表示による表見代理（民109）の要件事実について説明しなさい。

□ ／
□ ／
□ ／

407. B　悪意の抗弁の要件事実について説明しなさい。

□ ／
□ ／
□ ／

408. B　過失を基礎付ける評価根拠事実の抗弁の要件事実について説明しなさい。

□ ／
□ ／
□ ／

409. B　代理権授与の表示による表見代理（民109）の要件事実のうち，相手方の悪意又は過失の評価根拠事実が要件事実とならないのはなぜかについて説明しなさい。

□ ／
□ ／
□ ／

410. A　越権代理（民110）の要件事実について説明しなさい。

□ ／
□ ／
□ ／

411. A　越権代理（民110）の要件事実のうち，第三者において相手方が代理権の存在を信じたこと及び無過失を基礎付ける評価根拠事実が要件事実となるのはなぜかについて説明しなさい。

□ ／
□ ／
□ ／

412. B　越権代理（民110）に対する抗弁として考えられるものについて説明しなさい。

第４　表見代理

406.　①　代理人と相手方との間の法律行為
②　①の際，代理人が本人のためにすることを示したこと
③　①に先立ち，本人が代理人に対し，特定の事項について代理権を授与したことを，相手方に表示したこと

407.　①　表示された代理権の不存在
②　相手方が①を知っていたこと

408.　①　表示された代理権の不存在
②　相手方が①を知らなかったことについての過失を基礎付ける事実

409.　善意無過失については，ただし書で規定されていること，代理権授与表示があれば代理権の存在を信じるのが通常であることから，相手方の悪意又は過失の評価根拠事実が抗弁となる。すなわち，相手方の悪意又は過失の評価根拠事実は要件事実とならない。

410.　①　代理人と相手方との間の法律行為
②　①の際，代理人が本人のためにすることを示したこと
③　①に先立つ基本代理権の発生原因事実
④　①の際，相手方が代理権の存在を信じたこと
⑤　①の際の，④についての無過失を基礎付ける評価根拠事実

411.　民法110条は善意や正当な理由についてはただし書で規定されていないこと，権限外の表見代理の効果を生じさせる根拠が第三者の信頼にあることからすれば，第三者において相手方が代理権の存在を信じたこと及び無過失を基礎付ける評価根拠事実が要件事実となる。

412.　①　無過失の評価障害事実
②　代理権の濫用（民107）

□ ＿/＿
□ ＿/＿
□ ＿/＿

413. B　代理権の濫用（民107）の抗弁の要件事実について説明しなさい。

413.　①　代理人が自己又は第三者の利益を図る意図で代理権の範囲内の法律行為をしたこと

【悪意】

②　相手方が，①の際，代理人の目的を知っていたこと

【有過失】

②－１　相手方が，①の際，代理人の目的を知らなかったことの過失を基礎付ける事実

第3編　民事訴訟における立証

第1章　書証

第1　文書の証拠力及び実質的証拠力の意義

□ ／
□ ／
□ ／
414. B　書証の意義について説明しなさい。

□ ／
□ ／
□ ／
415. A　文書の成立の真正の意義について説明しなさい。

□ ／
□ ／
□ ／
416. B　私文書の意義について説明しなさい。

□ ／
□ ／
□ ／
417. A　処分証書の意義について説明しなさい。

□ ／
□ ／
□ ／
418. B　報告文書の意義について説明しなさい。

第2　私文書の成立の真正についての証明

□ ／
□ ／
□ ／
419. A　二段の推定のうち，当該押印が本人の意思に基づくことの推定（一段目の推定）が認められるのはなぜかについて説明しなさい。

□ ／
□ ／
□ ／
420. A　二段の推定のうち，当該押印が本人の意思に基づくことの推定（一段目の推定）の法的性質について説明しなさい。

第1章　書証

第1　文書の証拠力及び実質的証拠力の意義

414.　書証とは，文書を閲読して記載内容を証拠資料とする証拠調べをいう。

415.　文書の成立の真正とは，記載内容が作成者の思想を表現したものであることをいう。

416.　私文書とは，公文書以外の文書（民訴228Ⅳ）をいう。

417.　処分証書とは，意思表示その他の法律行為が文書によって行われた場合の文書をいう。
処分証書の成立の真正が認められれば，特段の事情（意思表示の効力の発生を障害するような事情）のない限り，文書内容どおりの事実を認定する。

418.　報告文書とは，作成者の見分，判断，感想，記憶等を記載，報告した文書をいう。

第2　私文書の成立の真正についての証明

419.　印章は本人により厳重に保管され，他者に使わせないのが通常であるとの経験則がある。
したがって，本人の印章による印影があれば，それは本人の意思に基づき顕出されたと推定できる。

420.　経験則に基礎を置く事実上の推定にとどまり，立証責任の転換を伴わない（この推定を覆すには反証で足りる）。

□ ＿/＿
□ ＿/＿
□ ＿/＿

421. A　二段の推定のうち，当該押印が本人の意思に基づくことの推定（一段目の推定）に対する反証について説明しなさい。

□ ＿/＿
□ ＿/＿
□ ＿/＿

422. A　二段の推定のうち，当該文書が真正に成立したことの推定（二段目の推定）が認められるのはなぜかについて説明しなさい。

□ ＿/＿
□ ＿/＿
□ ＿/＿

423. A　二段の推定のうち，当該文書が真正に成立したことの推定（二段目の推定）の法的性質について説明しなさい。

□ ＿/＿
□ ＿/＿
□ ＿/＿

424. A　二段の推定のうち，当該文書が真正に成立したことの推定（二段目の推定）に対する反証について説明しなさい。

□ ＿/＿
□ ＿/＿
□ ＿/＿

425. A　二段の推定の前提事実に対する反論について説明しなさい。

421.　①　印章の盗用の可能性
印章が慎重に管理保管されていない場合，盗用を疑う理由が存在（印章の保管状況や印章への他者の接近可能性等から反証を組み立てる）
②　印章の冒用の可能性
印章を他人に預けていた場合，他者による冒用を疑う理由が存在（預託の事実，印章が当該第三者に預けられた理由等から反証を組み立てる）
③　押印の困難性
名義人以外の者が印章を管理・保管していた等の理由により名義人による押印が状況的に考え難い場合には，反証となり得る

422.　署名・押印は，当該文書の内容を確かめた上で，最後にされるのが通例であり，署名・押印の後に内容が大きく改ざんされるという事態は稀であるとの経験則がある。
したがって，意思に基づき署名・押印したのであれば，文書全体の成立の真正が推定される。

423.　民訴法228 条4項は，経験則（署名・押印は，当該文書の内容を確かめた上で，最後にされるのが通例であり，署名・押印の後に内容が大きく改ざんされるという事態は稀であること）を法制化した法定証拠法則（立証責任の転換なし）である。
推定を動揺させる程度の心証を起こさせる反証により，推定は覆される。

424.　①　白紙の悪用
②　文書作成後の改ざん

425.　①　実は他人の印章
②　印章が他人と共用されていること（一段目の推定に対する反証となるとする見解もあり）
③　他人が全く同じ印影の印章を入手したこと

第2章　証拠の収集方法

□ ＿/＿
□ ＿/＿
□ ＿/＿

426. B　裁判外における証拠収集の方法について説明しなさい。

□ ＿/＿
□ ＿/＿
□ ＿/＿

427. B　裁判上における証拠収集の方法について説明しなさい。

第２章　証拠の収集方法

426.
① 職務上請求
② 弁護士法23条の２に基づく照会（弁護士23の２）
③ 不動産登記簿の附属書類の閲覧
④ 情報公開法や情報公開条例に基づく開示請求
⑤ 民事訴訟記録の閲覧・謄写（民訴91）

427.
① 証拠保全（民訴234以下）
② 当事者照会（民訴163，規84）
③ 文書提出命令等（民訴219以下）
④ 文書送付嘱託（民訴226）
⑤ 調査嘱託の申立て（民訴186）

第3章　事実認定入門

【事例】

〔当事者の主張〕

（Xの主張）

私の父Aは本件土地を所有していましたが，平成28年7月1日に亡くなりました。そのため，Aの唯一の肉親である私が本件土地を相続して，本件土地は私のものになっています。ところが，Yは，本件土地の全体を資材置き場として利用しています。売買契約書もありませんし，本件土地の登記名義人はいまだにAのままですから，AがYに本件土地を売ったなどあり得ません。Yには，本件土地から早く出ていってもらいたいので，所有権に基づき本件土地の明渡しを求めます。

（Yの主張）

本件土地は，平成27年6月1日に，私がAから3000万円で買ったものです。代金3000万円も，私の会社の口座からですが，同日に銀行振込みで支払っています。そのため，私は本件土地を引き続き使用し続けることができるはずです。

〔当事者尋問における供述〕

（Xの供述）

Aは，Yの経営する会社の役員を20年ほど勤めていたようでしたが，平成27年5月に役員を退任して，ひっそりと老後生活を始めていました。私は，頻繁にAと連絡を取っていましたが，Aは，生前，本件土地を誰かに売却したなどということは全く言っていませんでした。

本件土地は立地もよく，時価5000万円はするものですから，そう簡単に他人に譲るとは考えられません。Yの言うとおり3000万円がAの口座に入金されていたようですが，それは本件土地の代金とは別のお金だと思います。

（Yの供述）

私は，Aとともに，私が現在経営する会社を立ち上げました。Aは，平成27年の5月に役員から退きましたが，Aは自宅から少し離れたところに空き地となっていた本件土地を持っていたので，私は10年ほど前から個人的に本件土地を無償で貸してもらい，これを資材置き場として利用させてもらっていました。

ただ，Aは，本件土地の使い道がないから不要だと言ってきたので，旧知の間柄であったこともあり，時価5000万円よりも安い3000万円で本件土地を譲ってもらいました。Aとは旧知の間柄でしたので，売買契約書は特に作成しておらず，登記名義人もいまだAのままにしていました。

第3章　事実認定入門

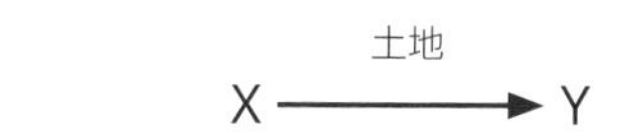

・A　土地所有
・A　H28.7.1 死亡
・X　Aの肉親
・Y　土地利用

・A・Y　H27.6.1
土地　3000万円
売買

□ ／
□ ／
□ ／

428. A　上記事例における争点について説明しなさい。

□ ／
□ ／
□ ／

429. A　Yの供述から売買契約書の不存在が認定できるところ，当該事実から本件土地の売買契約が存在しないことが推認されるのはなぜかについて説明しなさい。

□ ／
□ ／
□ ／

430. A　Yの供述から所有権移転登記手続の未了が認定できるところ，当該事実から本件土地の売買契約が存在しないことが推認されるのはなぜかについて説明しなさい。

□ ／
□ ／
□ ／

431. A　Xの供述から3000万円の入金があったことが認定できるところ，当該事実があったとしても本件土地の売買契約が存在しないことが推認されるのはなぜかについて説明しなさい。

428.　Aが，Yに対し，平成27年6月1日，本件土地を代金3000万円で売った事実が認められるかどうか。

429.　Yは旧知の間柄であったため本件土地の売買契約書を作成していないと主張するが，土地という高額なものを売買する際には，たとえ親しい者同士であったとしても契約書を作成するのが通常である。それにもかかわらず，売買契約書を作成していないため，本件土地の売買契約が存在しないことが推認される。

430.　不動産取引を行った場合は直ちに所有権移転登記手続を行うのが通常であり，これを行わない段階で買主が代金を支払うことも考えられない。Yへの所有権移転登記手続がなされていないため，本件土地の売買が存在しないことが推認される。

431.　Yは，平成27年6月1日付でA名義の預金口座に3000万円の入金がなされていると主張するが，Yが個人として資材置き場として利用するための土地の売買代金を会社名義で支払うことは考え難い。また，本件土地は5000万円程度もの価値を有するものであり，3000万円という廉価で他者に売却することは考え難い。むしろ，入金が会社名義でなされたことや，入金の前月にAが約20年間務めてきたYの会社の役員を退任していることからすれば，この3000万円の支払は，退職慰労金として支払われたものと考えるのが自然である。よって，3000万円の入金は，本件土地の代金として支払われたものではない。

第4編　保全・執行

第1章　民事保全

□ ／　□ ／　□ ／　**432.** **A**　民事保全の種類について説明しなさい。

□ ／　□ ／　□ ／　**433.** **A**　仮処分の種類について説明しなさい。

□ ／　□ ／　□ ／　**434.** **B**　保全命令の申立要件について説明しなさい。

□ ／　□ ／　□ ／　**435.** **A**　仮差押えの意義について説明しなさい。

□ ／　□ ／　□ ／　**436.** **A**　係争物に関する仮処分の意義について説明しなさい。

□ ／　□ ／　□ ／　**437.** **A**　係争物に関する仮処分の目的について説明しなさい。

□ ／　□ ／　□ ／　**438.** **A**　係争物に関する仮処分の効力について説明しなさい。

第１章　民事保全

432.　①　仮差押え（民保20）
②　仮処分（民保23）

433.　①　係争物に関する仮処分（民保23Ⅰ）
②　仮の地位を定める仮処分（民保23Ⅱ）

434.　保全命令の申立ては，①被保全権利と②保全の必要性を疎明して行う（民保13ⅠⅡ）。

435.　仮差押えとは，金銭債権の支払を保全するために，債務者の責任財産から適当な財産を選択して，その現状を維持し，将来の強制執行を確保する手段をいう。

436.　係争物に関する仮処分とは，債権者が債務者に対し特定物についての給付請求権を有し，かつ，目的物の状態が変わることにより将来の権利実行が不可能又は著しく困難になるおそれがある場合に，目的物の現状を維持するのに必要な暫定措置をする手続をいう。

437.　係争物に関する仮処分の目的は，訴え提起後口頭弁論終結前に被告が係争物を第三者に移転すると，訴訟引受けの申立て（民訴50）等をしない限り当該第三者に対して既判力ないし執行力が及ばないため，改めて提訴する煩雑を避けること等にある。

438.　悪意の占有者や執行後の承継人に対しても強制執行が可能となる（民保62Ⅰ）。

□ ／
□ ／
□ ／

439. A　係争物に関する仮処分の具体例について説明しなさい。

□ ／
□ ／
□ ／

440. B　仮の地位を定める仮処分の意義について説明しなさい。

□ ／
□ ／
□ ／

441. B　仮差押えの申立要件のうち，被保全権利について説明しなさい。

□ ／
□ ／
□ ／

442. B　仮差押えの申立要件のうち，保全の必要性について説明しなさい。

□ ／
□ ／
□ ／

443. B　不動産の仮差押えの執行方法について説明しなさい。

□ ／
□ ／
□ ／

444. A　債務者に対する不動産の仮差押えの効力について説明しなさい。

□ ／
□ ／
□ ／

445. A　第三者に対する不動産の仮差押えの効力について説明しなさい。

□ ／
□ ／
□ ／

446. B　動産の仮差押えについて説明しなさい。

439.　① 不動産の登記請求権を保全するための処分禁止の仮処分（民保53，58 ないし60）
② 建物収去土地明渡請求権を保全するための建物の処分禁止の仮処分（民保55，64）
③ 物の引渡し又は明渡しの請求権を保全するための占有移転禁止の仮処分（民保62）
④ 詐害行為取消権を保全するための仮処分（民保65）

440.　仮の地位を定める仮処分とは，争いがある権利関係について，債権者に生ずる著しい損害又は急迫の危険を避けるために，暫定的な法律上の地位を定める手続をいう。
発令されると債務者にとっての打撃が大きいため，債務者の立ち会うことができる審尋又は口頭弁論の期日を経なければ，これを発することができないのが原則（民保23Ⅳ本文）。

441.　仮差押えの被保全権利は，金銭債権であることが必要（民保20Ⅰ）である。

442.　強制執行ができなくなるおそれがあるとき，又は強制執行をするのに著しい困難を生ずるおそれがあるときに保全の必要性が認められる（民保20Ⅰ）。

443.　不動産に対する仮差押えの執行方法は，仮差押えの登記をする方法又は強制管理の方法により行い，両者は併用可能（民保47Ⅰ）である。

444.　債務者は，仮差押命令の執行により，仮差押えの目的物について譲渡や担保権の設定など一切の処分をすることが制限される。
なお，仮差押えの登記をする方法による場合には，債務者が通常の用法に従って目的不動産を使用収益することは妨げられない（民保47Ⅴ，民執46Ⅱ）。

445.　仮差押執行後に目的不動産が第三者に処分されたとしても，仮差押債権者は，第三者の権利を無視して本執行としての不動産強制競売をすることが可能（民執87Ⅱ）である。

446.　仮差押えの対象となる動産は，民執法122条1項に規定される動産である。
動産仮差押命令の申立ては，特定の動産を対象とすることができるのみならず，動産を特定せずにすることも可能（民保21）である。

□ ／
□ ／
□ ／

447. B　動産の仮差押えの執行方法について説明しなさい。

□ ／
□ ／
□ ／

448. A　債務者に対する動産の仮差押えの効力について説明しなさい。

□ ／
□ ／
□ ／

449. A　第三者に対する動産の仮差押えの効力について説明しなさい。

□ ／
□ ／
□ ／

450. B　債権の仮差押えについて説明しなさい。

□ ／
□ ／
□ ／

451. B　債権の仮差押えの執行方法について説明しなさい。

□ ／
□ ／
□ ／

452. A　債務者に対する債権の仮差押えの効力について説明しなさい。

□ ／
□ ／
□ ／

453. A　第三者に対する債権の仮差押えの効力について説明しなさい。

□ ／
□ ／
□ ／

454. B　係争物に関する仮処分の申立要件のうち，被保全権利について説明しなさい。

□ ／
□ ／
□ ／

455. B　係争物に関する仮処分の申立要件のうち，保全の必要性について説明しなさい。

447.　執行官が目的物を占有する方法により行う（民保49Ⅰ）。
なお，執行官は，仮差押えに係る動産を，封印その他の方法で差押えの表示をした上，債務者に保管させることができ（民保49Ⅳ・民執123Ⅲ），債務者に当該動産の使用を許すことも可能（民保49Ⅳ・民執123Ⅳ）である。

448.　債務者は，当該動産につき一切の処分をすることが制限される。
原則として債務者の使用・収益も禁止である。

449.　動産の仮差押えの執行後に債務者の処分行為がなされたとしても，即時取得が成立しない限りは，債務者の処分行為を無視して本執行が可能である。

450.　動産の場合と異なり，債権を特定して仮差押命令の申立てをする必要がある。

451.　債権に対する仮差押えの執行は，保全執行裁判所が第三債務者に対して債務者への弁済を禁止する命令を発令する方法により行う（民保50Ⅰ）。

452.　譲渡等の一切の処分をすることが制限される。

453.　第三債務者は，仮差押えにより弁済が禁止される。
第三者は，債務者から債権譲渡を受けたとしても，仮差押債権者に対抗できない。

454.　係争物（当事者間で争いの対象となっている物ないし権利）に対する給付を目的とする請求権が被保全権利となる。

455.　係争物の現状の変更により債権者が権利を実行できなくなるおそれがあるとき，権利を実行するのに著しい困難を生ずるおそれがあるときに，保全の必要性が肯定される（民保23Ⅰ）。

□ ／
□ ／
□ ／

456. B　不動産の登記請求権を保全するための処分禁止の仮処分（民保53）における被保全権利について説明しなさい。

□ ／
□ ／
□ ／

457. B　不動産の登記請求権を保全するための処分禁止の仮処分（民保53）における保全の必要性について説明しなさい。

□ ／
□ ／
□ ／

458. B　不動産の登記請求権を保全するための処分禁止の仮処分（民保53）における執行方法について説明しなさい。

□ ／
□ ／
□ ／

459. A　不動産の登記請求権を保全するための処分禁止の仮処分（民保53）における効力について説明しなさい。

□ ／
□ ／
□ ／

460. B　建物収去土地明渡請求権を保全するための処分禁止の仮処分（民保55）における被保全権利について説明しなさい。

□ ／
□ ／
□ ／

461. B　建物収去土地明渡請求権を保全するための処分禁止の仮処分（民保55）における保全の必要性について説明しなさい。

□ ／
□ ／
□ ／

462. B　建物収去土地明渡請求権を保全するための処分禁止の仮処分（民保55）における執行方法について説明しなさい。

□ ／
□ ／
□ ／

463. A　建物収去土地明渡請求権を保全するための処分禁止の仮処分（民保55）における効力について説明しなさい。

□ ／
□ ／
□ ／

464. B　占有移転禁止の仮処分における被保全権利について説明しなさい。

456.　保全仮登記非併用型（民保53Ⅰ）については，不動産に関する権利についての登記請求権が被保全権利となる。
保全仮登記併用型（民保53Ⅱ）については，所有権以外の保存，設定又は変更についての登記請求権が被保全権利となる。

457.　係争物の譲渡や担保権の設定等の現状変更の危険性が存し，将来の権利の実行が不能又は著しく困難となるおそれがある場合に，保全の必要性が認められる。

458.　処分禁止の登記をする方法による（民保53Ⅰ）。
所有権以外の保存，設定又は変更についての登記請求権を保全するための処分禁止の仮処分の執行は，処分禁止の登記とともに，保全仮登記をする方法による（民保53Ⅱ）。

459.　当事者恒定効→処分禁止の登記後になされた登記に係る権利等は，当該登記に係る権利の取得又は消滅と抵触する限度で，仮処分債権者に対抗できない（民保58Ⅰ）。
仮処分債権者は，処分禁止の登記に後れる第三者の登記の抹消の申請が可能（民保58Ⅱ）。

460.　建物収去土地明渡請求権が被保全権利である。

461.　建物の処分による土地の占有移転の危険があって，将来の権利実行が不能又は著しく困難になるおそれがある場合に保全の必要性が肯定される。

462.　建物について処分禁止の登記をする方法により行う。

463.　処分禁止の登記後に建物を譲り受けた者があるときは，債権者は，本案の債務名義に基づき，民執法27条2項により承継執行文の付与を受けることで，建物譲受人に対して強制執行をすることが可能である（民保64）。

464.　物の引渡請求権又は物の明渡請求権が被保全権利である。

□ ／ □ ／ □ ／ 465. B　占有移転禁止の仮処分における保全の必要性について説明しなさい。

□ ／ □ ／ □ ／ 466. B　占有移転禁止の仮処分における執行方法について説明しなさい。

□ ／ □ ／ □ ／ 467. A　占有移転禁止の仮処分における効力について説明しなさい。

□ ／ □ ／ □ ／ 468. B　仮の地位を定める仮処分（民保23Ⅱ）の被保全権利について説明しなさい。

□ ／ □ ／ □ ／ 469. B　仮の地位を定める仮処分（民保23Ⅱ）の保全の必要性について説明しなさい。

第2章　民事執行

□ ／ □ ／ □ ／ 470. A　民事執行の種類について説明しなさい。

□ ／ □ ／ □ ／ 471. A　民事執行のうち，強制執行の種類について説明しなさい。

465.　占有者の変動によって権利実行が不能又は著しく困難となるおそれがある場合に保全の必要性が認められる。

466.　占有移転禁止命令（債務者に対し，その者の占有の移転を禁止する）及び引渡命令（その占有を解いて執行官に引き渡すべきことを命ずる）による。
保管命令（執行官にその物を保管させる）かつ公示命令（債務者がその物の占有の移転を禁止されている旨及び執行官がその物を保管している旨を執行官に公示させる）による。

467.　仮処分の執行後に占有を承継した者に対しては，その者の善意・悪意問わず仮処分の効力が及ぶ（民保62Ⅰ①②）。→当該占有者が仮処分執行後の占有者であることを証明し，本案の債務名義に承継執行文（民執27Ⅱ）の付与を受けた上で引渡し又は明渡しの強制執行を行うことが可能である。
悪意の非承継占有者に対しても仮処分の効力が及ぶ（民保62Ⅰ①）が，善意の非承継占有者には及ばない（民保63参照）。

468.　財産法上の権利関係のみならず，身分法上のものであってもよい。

469.　債権者に生ずる著しい損害又は急迫の危険を避けるために必要と認められる場合に保全の必要性が認められる（民保23Ⅱ）。

第２章　民事執行

470.　① 強制執行
② 担保権の実行としての競売
③ 民法，商法その他の法律の規定による換価のための競売
④ 債務者の財産の開示

471.　① 金銭執行
② 非金銭執行

□ ／ □ ／ □ ／ **472. A** 強制執行のうち,金銭執行の種類について説明しなさい。

□ ／ □ ／ □ ／ **473. A** 強制執行の一般的要件について説明しなさい。

□ ／ □ ／ □ ／ **474. A** 強制執行の一般的要件のうち，債務名義の意義について説明しなさい。

□ ／ □ ／ □ ／ **475. A** 強制執行の一般的要件のうち，債務名義の種類（民執22）について説明しなさい。

□ ／ □ ／ □ ／ **476. A** 強制執行の一般的要件のうち，執行文の意義について説明しなさい。

□ ／ □ ／ □ ／ **477. A** 強制執行の一般的要件のうち，執行文の種類について説明しなさい。

□ ／ □ ／ □ ／ **478. B** 単純執行文と引換給付を命じる確定判決との関係について説明しなさい。

472.　①　不動産に対する強制執行
②　動産に対する強制執行
③　債権に対する強制執行

473.　①　債務名義
②　執行文
③　債務名義の送達

474.　債務名義とは，強制執行手続前に別個の法定の権利判定手続によって作成された，債権者の給付請求権の存在と範囲を公証する文書をいう。

475.　①　確定判決（１号）
②　仮執行の宣言を付した判決（２号）
③　抗告によらなければ不服を申し立てることができない裁判（３号）
④　仮執行の宣言を付した損害賠償命令（３号の２）
⑤　仮執行の宣言を付した届出債権支払命令（３号の３）
⑥　仮執行の宣言を付した支払督促（４号）
⑦　訴訟費用，和解の費用を定める裁判所書記官の処分等（４号の２）
⑧　執行証書（５号）
⑨　確定した執行判決のある外国裁判所の判決（６号）
⑩　確定した執行決定のある仲裁判断（６号の２）
⑪　確定判決と同一の効力を有するもの（３号に掲げる裁判を除く）（７号）

476.　執行文とは，当該執行の当事者間において債務名義の執行力の存在と範囲を公証するため，執行文付与機関が債務名義の正本の末尾に付した公証文言をいう。

477.　①　単純執行文
②　条件成就執行文（民執27Ⅰ）
③　承継執行文（民執27Ⅱ）
④　意思表示擬制のための執行文

478.　債務名義が引換給付を命じる確定判決である場合，反対給付の履行は執行開始の要件（民執31）であって，執行文付与の要件とはされていないため，条件成就執行文ではなく単純執行文による。

□ ＿/＿ □ ＿/＿ □ ＿/＿

479. **B**　条件成就執行文について説明しなさい。

□ ＿/＿ □ ＿/＿ □ ＿/＿

480. **B**　承継執行文について説明しなさい。

□ ＿/＿ □ ＿/＿ □ ＿/＿

481. **B**　意思表示擬制のための執行文について説明しなさい。

□ ＿/＿ □ ＿/＿ □ ＿/＿

482. **B**　強制執行の開始要件について説明しなさい。

□ ＿/＿ □ ＿/＿ □ ＿/＿

483. **B**　執行文付与に関する不服申立手段のうち，債権者の救済に関するものの種類について説明しなさい。

□ ＿/＿ □ ＿/＿ □ ＿/＿

484. **B**　執行文付与に関する不服申立手段のうち，債務者の救済に関するものの種類について説明しなさい。

□ ＿/＿ □ ＿/＿ □ ＿/＿

485. **B**　執行に対する不服申立手段に関して，違法執行の意義について説明しなさい。

□ ＿/＿ □ ＿/＿ □ ＿/＿

486. **B**　執行に対する不服申立手段に関して，不当執行の意義について説明しなさい。

□ ＿/＿ □ ＿/＿ □ ＿/＿

487. **B**　違法執行に対する救済の種類について説明しなさい。

479.　債務名義の内容が債権者の証明すべき事実の到来に係る場合，債権者がその事実の到来を文書で証明したときに限り執行文が付与される（民執27Ⅰ）。

480.　債務名義の執行力は，債務名義に表示された当事者だけでなく，債務名義成立後の承継人等にも及ぶ（民執23）。
債務名義に表示されていない者を当事者として強制執行をするには，執行文付与機関に同条項の要件を満たすことを文書により証明して執行文の付与を受ける必要がある（民執27Ⅱ）。

481.　債務名義の内容が登記手続請求等を内容とする場合，単純に意思表示を命じるものであれば，判決確定時等に当該意思表示があったとみなされる（民執177Ⅰ本文）ため，執行手続は不要である（ゆえに執行文も不要である）。
債務者の意思表示が条件等に係る場合，執行文付与時に意思表示がなされたものと擬制（同ただし書）されるため，執行文付与が必要となる。

482.　強制執行の開始要件として，債務名義の正本等又は確定により債務名義となるべき裁判の正本等が，あらかじめ又は同時に債務者に送達されている必要がある（民執29前段）。

483.　①　執行文付与の拒絶に対する異議（民執32）
②　執行文付与の訴え（民執33）

484.　①　執行文付与に対する異議の申立て（民執32）
②　執行文付与に対する異議の訴え（民執34）

485.　違法執行とは，執行機関の執行行為がその手続規定に違背し，執行法上違法である執行をいう。

486.　不当執行とは，実体上権利が存しないにもかかわらず執行が行われ，又は債務者以外の第三者の財産に執行が行われるような，執行法上は適法であるものの，これを認める実体法上の根拠を欠く執行をいう。

487.　①　執行抗告（民執10）
②　執行異議（民執11）

□ ／　□ ／　□ ／

488. B　不当執行に対する救済の種類について説明しなさい。

□ ／　□ ／　□ ／

489. B　不当執行に対する救済のうち，請求異議の訴え（民執35）の意義について説明しなさい。

□ ／　□ ／　□ ／

490. B　不当執行に対する救済のうち，請求異議の訴え（民執35）の異議事由について説明しなさい。

□ ／　□ ／　□ ／

491. B　不当執行に対する救済のうち，第三者異議の訴え（民執38）について説明しなさい。

□ ／　□ ／　□ ／

492. A　金銭執行の流れについて説明しなさい。

□ ／　□ ／　□ ／

493. A　不動産に対する強制執行の意義について説明しなさい。

□ ／　□ ／　□ ／

494. A　動産に対する強制執行の意義について説明しなさい。

□ ／　□ ／　□ ／

495. A　債権に対する強制執行における債権執行の対象について説明しなさい。

□ ／　□ ／　□ ／

496. A　債権に対する強制執行における債権執行の申立てについて説明しなさい。

488.　①　請求異議の訴え（民執35）
②　第三者異議の訴え（民執38）

489.　請求異議の訴えとは，債務名義に表示された請求権と実体上の権利関係に不一致がある場合に，その債務名義の執行力を排除することを目的とするものをいう。

490.　確定判決についての異議事由は，口頭弁論終結後に生じたものである必要がある。
裁判以外の債務名義についての異議事由は，債務名義の成立に関する瑕疵も異議事由となる。

491.　強制執行の目的物につき所有権その他目的物の譲渡又は引渡しを妨げる権利を有する第三者は，債権者に対し，第三者異議の訴えを提起して，特定財産に対する執行の排除を求めることが可能である。

492.　①　債権者の申立て
②　差押え
③　換価
④　配当

493.　不動産に対する強制執行とは，執行裁判所が債務者の不動産を売却して，その代金をもって債務者の債務の弁済に充てる執行手続をいう。

494.　動産に対する強制執行とは，執行官が債務者の占有する動産を差し押さえ，そこから得た売得金等を，債務者の弁済に充てる執行手続をいう。
なお，差押禁止動産について民執法131条各号。

495.　金銭債権及び動産・船舶・自動車・建設機械の引渡請求権である。
なお，差押禁止債権として民執法152条１項・２項。

496.　被差押債権や第三債務者等を記載した申立書を執行裁判所に提出する。

□ ＿/＿
□ ＿/＿
□ ＿/＿

497. A　債権に対する強制執行における債権執行の差押えについて説明しなさい。

□ ＿/＿
□ ＿/＿
□ ＿/＿

498. B　債権に対する強制執行における債権執行の換価手続の種類について説明しなさい。

□ ＿/＿
□ ＿/＿
□ ＿/＿

499. A　非金銭執行のうち，不動産等の引渡し・明渡しの強制執行の流れについて説明しなさい。

□ ＿/＿
□ ＿/＿
□ ＿/＿

500. A　非金銭執行のうち，動産の引渡しの強制執行の流れについて説明しなさい。

□ ＿/＿
□ ＿/＿
□ ＿/＿

501. B　担保権実行の手段の種類について説明しなさい。

□ ＿/＿
□ ＿/＿
□ ＿/＿

502. B　財産開示制度（民執196以下）について説明しなさい。

497.　差押命令は債務者及び第三債務者に送達され（民執145Ⅲ），第三債務者への送達時に差押えの効力が生じる（同Ⅴ）。
債務者との関係では債権の取立てその他の処分が禁止され，第三債務者との関係では債務者への弁済が禁止される。

498.　① 差押債権者による取立て（民執155）
② 第三債務者による供託（民執156Ⅰ）
③ 転付命令（民執159）

499.　① 債権者による申立て
② 執行官による明渡しの催告（民執168の２ⅠⅡ）
③ 執行
債務者の目的物に対する占有を解いて，債権者にその占有を取得させる。

500.　① 債権者による申立て
② 執行
執行官が債務者から目的動産を取り上げて債権者に現実に引き渡す方法により行う（民執169Ⅰ）。

501.　① 担保不動産競売（民執180①）
② 担保不動産収益執行（民執180②）
③ 動産の競売（民執190）
④ 債権等の担保権の実行

502.　財産開示制度とは，債務名義を有する債権者又は一般先取特権者の申立てにより，裁判所が財産開示手続の実施決定をして債務者を呼出し，非公開の期日において，債務者に宣誓させた上，自己の財産について陳述させることにより債務者の責任財産を特定可能なものとする制度である。

アガルートアカデミーは，
2015年1月に開校した
オンラインによる講義の配信を中心とする
資格予備校です。

「アガルート（AGAROOT）」には，
資格の取得を目指す受験生の
キャリア，実力，モチベーションが
あがる道（ルート）になり，
出発点・原点（ROOT）になる，
という思いが込められています。

合格者インタビュー

INTERVIEW

上田 亮祐さん

平成29年度司法試験総合34位合格
神戸大学・神戸大学法科大学院出身

―― 法曹を目指したきっかけを教えてください。

私は，小学生の頃にテレビに出ていた弁護士に憧れを抱いて，弁護士を目指すようになりました。

―― 勉強の方針とどのように勉強を進めていましたか？

演習を中心に進めていました。

アガルートアカデミーの講座の受講を始めたのはロースクール入学年の2015年4月からなのですが，それまでは別の予備校の入門講座，論文講座を受講していました。しかし，そこでは「まだ答案の書き方が分からないから，とりあえず講座の動画を消化しよう。消化していけば答案の書き方が分かるようになるはずだ」と考え，講義動画を見たり，入門テキスト，判例百選を読むだけで，自分でほとんど答案を書かず実力をつけられないままロースクール入試を迎えました。

なんとか神戸大学法科大学院に入学し，自分の実力が最底辺のものでこのままでは2年後の司法試験合格どころかロー卒業すらも危ういと分かると，司法試験の勉強として何をすれば良いのかを必死で考えるようになりました。そして，「司法試験は，試験の本番に良い答案を書けることができれば合格する試験である」という当たり前の命題から，「少しでも良い答案を書けるように，答案を書く練習をメインに勉強しよう」と考えるようになりました。

そこで，総合講義300を受講し直しつつ，重要問題習得講座のテキストを用いて，論文答案を書く練習を勉強のメインに据えていました。また，なるべく手を広げないように，同じ教材を繰り返すことを心がけていました。

―― 受講された講座と，その講座の良さ，使い方を教えてください。

【総合講義300】

総合講義300の良さは，講義内でテキストを３周するシステムだと思います。

以前受講した別の予備校の入門講座は，民法だけで100時間以上の講義時間がある上，テキストを１周して終わるため，講義を受け終わると最初の方にやったことをほとんど覚えていないということが普通でした。しかし，アガルートの総合講義は，講義内でテキストを３周するため，それまでにやったことを忘れにくい構造になっていると感じました。テキストも薄く持ち運びに便利で，受験生のことをしっかり考えてくれていると思いました。

【論証集の「使い方」】

短い時間で各科目の復習，論点の書き方の簡単な確認ができるのがとても優れています。講義音声をダウンロードして，iPodで繰り返し再生していました。

【論文答案の「書き方」】

答案の書き方が分からない状態というのは，「今は書けないから，問題演習しないでおこう，答案を書かないでおこう」と考えがちなのですが，そんな初学者状態の受験生に，強制的に答案を書く契機を与えてくれるので，そういう点でこの講座は有益だったと思います。他のテキストではあまり見ない「答案構成例」が見られるのも初学者の自分には助かりました。また，重要問題習得講座のテキストを用いた演習方法は，この講座で工藤先生がやっていたことをそのままやろうと考えて思いついたのであり，この講座がなければ勉強の方向性が大きく変わっていたのではないかと思います。

【重要問題習得講座】

テキストが特に優れています。予備校の講座内で使用されているテキストは，口頭・講義内での説明を前提としているため，解説が書かれていなかったり不十分なことが多いのですが，重要問題習得講座のテキストは十分な解説が掲載されていますし，論証集，総合講義の参照頁も記載されていますから，自学自習でも十分にテキストを利用することができます。

【旧司法試験論文過去問解析講座（上三法）】

テキストに掲載されている解説が詳細であるのみならず，予備試験合格者が60分で六法以外何も見ずに書いた答案が掲載されており，予備試験合格者のリアルなレベルを知ることができたのはとても有益でした。完全解を目指すためには模範答案を，とりあえず自分がどの程度のレベルに到達しているのかを測るためには予備試験合格者の答案を見れば良かったので，全司法試験・予備試験受験生に薦めたい講座の１つです。

―― 学習時間はどのように確保していましたか？

学習時間はローの講義のない空きコマで問題を解くようにしていました。また，集中できないときはスマホの電源を切ってカバンの中にしまったり，そもそもスマホを持って大学に行かないようにすることで，「勉強以外にやることがない」状況を意図的に作り出すようにしていました。

―― 振り返ってみて合格の決め手は？　合格にアガルートの講座はどのくらい影響しましたか？

演習中心で勉強し，細かい知識に拘泥することなく，「受かればなんでも良い」という精神で合格に必要な最短コースを選ぶことができたのが合格の最大の決め手になったのだと思います。重要問題習得講座は，そのような演習中心の勉強をするに当たりかなり有益でした。また，論証集の「使い方」についても，その内容面はもちろん，勉強方法について講座内でも，工藤先生は再三「受かればなんでもいい」「みなさんの目的は法学を理解することではなく，受かること」と仰っており，講義音声を聞き返す度にこれを耳にすることになるので，自分の目的意識を明確に保つことができたように思います。

―― 後進受験生にメッセージをお願いします。

私自身もそうでしたが，よく思うのは，「合格者に勉強方法などについて質問をたくさんする人ほど，自分で勉強する気がない」ということです。勉強方法や合格体験談の情報をたくさん集めるだけで，なんとなく自分の合格が近づいたように錯覚してしまい，真面目に勉強しなくなるというのは私自身が経験した失敗です。受験生がやるべきことは，失敗体験を集めた上で，その失敗を自分がしないようにすることだと思います。私は講義動画を視聴するだけで自分では答案を書かなかったために，ロー入学時点で答案の書き方が全く分からない，答案が書けないという失敗を犯しました。受験生の方には，ぜひとも私と同じ失敗をしないようにしていただきたいと思います。

Profile

上田 亮祐（うえだ・りょうすけ）さん

25歳（合格時），神戸大学法科大学院出身。
平成28年予備試験合格（短答1998位，論文173位，口述162位），司法試験総合34位（公法系199～210位，民事系70～72位，刑事系113～125位，選択科目（知的財産法）3位，論文34位，短答455位），受験回数：予備，本試験ともに1回ずつ。

合格者インタビュー

INTERVIEW

福澤 寛人さん

平成30年度司法試験予備試験合格
令和元年度司法試験1回目合格　慶應義塾大学出身

―― 法曹を目指したきっかけを教えてください。

法律の勉強が楽しく，法律を扱う仕事をしたいと感じたからです。弁護士の業務への興味よりも，法律学への興味が先行していました。

―― どのように勉強を進めていましたか？

総合講義300を受講したあとに，ラウンジ指導を受け，論文を書き始めました。今思えば，総合講義300と論文答案の「書き方」・重要問題習得講座は並行して受講すべきであったと感じています。

勉強の方針としては，手を広げすぎず，アガルートの講座を中心に勉強をしました。また，特に過去問の分析にも力を入れ，本試験というゴールを意識した勉強をするよう心掛けていました。

―― 受講された講座と，その講座の良さ，使い方を教えてください。

【総合講義300】

総合講義300は，300時間という短時間で法律科目全体を学べる点が良かったです。講座自体はとても分かりやすいのですが，法律そのものが難解ですので，どうしても理解できない箇所がありました。しかし，工藤先生がおっしゃる通り，分からない箇所があったとしても，一旦飛ばして先に進むという方針で勉強をしました。その結果，躓くことなく，また，ストレスを感じることなく，勉強を進めることができました。

【論文答案の「書き方」】

この講座は，論文の書き方の基礎をさらっと学べる点が良かったです。この講座は，受講をした後に，練習問題を実際に書き，先生に添削していただくという使い方をしました。

【重要問題習得講座】

この講座は，全ての問題を解くことで，重要な論点の論文問題をこなせる点が良かったです。この講座は，答案構成をした後に解説講義を聴き，自分の答案構成と参考答案を見比べ，自分に何が足りていないかを分析するという使い方をしました。

【論証集の「使い方」】

この講座は，繰り返し聴くことで，自然と論証が頭に入ってくる点が良かったです。この講座は，iPhoneに音声を入れ，1.5倍速ほどのスピードで繰り返し聴くという使い方をしました。

【予備試験過去問解析講座】

この講座は，難解な予備試験の過去問について，丁寧に解説がなされている点が良かったです。この講座は,予備試験の論文の過去問を実際に解いた後に,講義を聴くという使い方をしました。

―― 学習時間はどのように確保していましたか？

隙間時間を有効に活用することで，最低限の学習時間を確保するよう意識していました。勉強に飽きたときには，あえて勉強をせず，ストレスをためないように意識をしていました。

―― 直前期はどう過ごしていましたか？

直前期は,自分でまとめた自分の弱点ノートを見直していました。自分には,問題文を読み飛ばす・事情を拾い落とすなどの弱点があったため，本番でその失敗をしないよう，何度もノートを見ることで注意を喚起しました。また，何とかなるでしょうという気軽な心構えで試験を迎えました。

―― 試験期間中の過ごし方は？

普段と違うことはせず，普段と同じ行動をするように心掛けました。また,辛い物や冷たい物など，体調を崩す可能性のある物は食べないよう気をつけました。

―― 受験した時の手ごたえと合格した時の気持ちを教えてください。

短答式試験は落ちたと感じましたが，実際には合格できていたので，スタートラインに立てたという安心感がありました。

論文式試験は初受験だったため，よくできたのかできなかったのかも分かりませんでした。そのため，論文合格を知った時は嬉しい気持ちと驚きの気持ちが半々でした。

口述式試験は，完璧にはほど遠い手ごたえでしたが，合格しているとは感じていました。実際に合格していると知ったときには安堵しました。

―― 振り返ってみて合格の決め手は？　合格にアガルートの講座はどのくらい影響しましたか？

合格の決め手は，アガルートを信じて手を広げ過ぎなかったことであると感じています。アガルートの講座のみを繰り返すことによって盤石な基礎固めをすることができたと思います。そのため，上記の講座は，今回の合格に大きく影響していると考えます。

―― アガルートアカデミーを一言で表すと？

「合格塾」です。

―― 後進受験生にメッセージをお願いします。

予備試験は出題範囲が広く，受験は長期間の闘いになると思います。ですので，無理をし過ぎず，ストレスをためない勉強方法を模索することが大事だと思います。

また，私は，模範答案とは程遠い答案しか書けずにいました。しかし，それでも結果的に合格できていることから，合格するためには模範答案ほどの答案を書ける必要はないと分かりました。そのため，完璧な答案を書けなくとも，気にすることなく勉強を進めていただければと思います。

同じ法曹を目指す仲間として，これからも勉強を頑張りましょう。

Profile

福澤 寛人（ふくざわ・ひろと）さん

21歳（合格時），慶應義塾大学4年生。
在学中に受けた2回目の予備試験で合格を勝ち取る。短答1770位，論文106位。

〈編著者紹介〉

アガルートアカデミー

大人気オンライン資格試験予備校。2015年1月開校。
- 司法試験，行政書士試験，社会保険労務士試験をはじめとする法律系難関資格を中心に各種資格試験対策向けの講座を提供している。受験生の絶大な支持を集める人気講師を多数擁する。合格に必要な知識だけを盛り込んだフルカラーのオリジナルテキストとわかりやすく記憶に残りやすいよう計算された講義で，受講生を最短合格へ導く。
- 近時は，「オンライン学習×個別指導」で予備試験・司法試験の短期学習合格者を続々と輩出する。

アガルートの司法試験・予備試験

総合講義1問1答　民事実務基礎

2021年12月15日　初版第1刷発行

編著者　アガルートアカデミー
発行者　アガルート・パブリッシング
〒162-0814　東京都新宿区新小川町5-5　サンケンビル4階
e-mail：customer@agaroot.jp
ウェブサイト：https://www.agaroot.jp/

発売　サンクチュアリ出版
〒113-0023　東京都文京区向丘2-14-9
電話：03-5834-2507　FAX：03-5834-2508

印刷・製本　シナノ書籍印刷株式会社

ISBN978-4-8014-9377-3